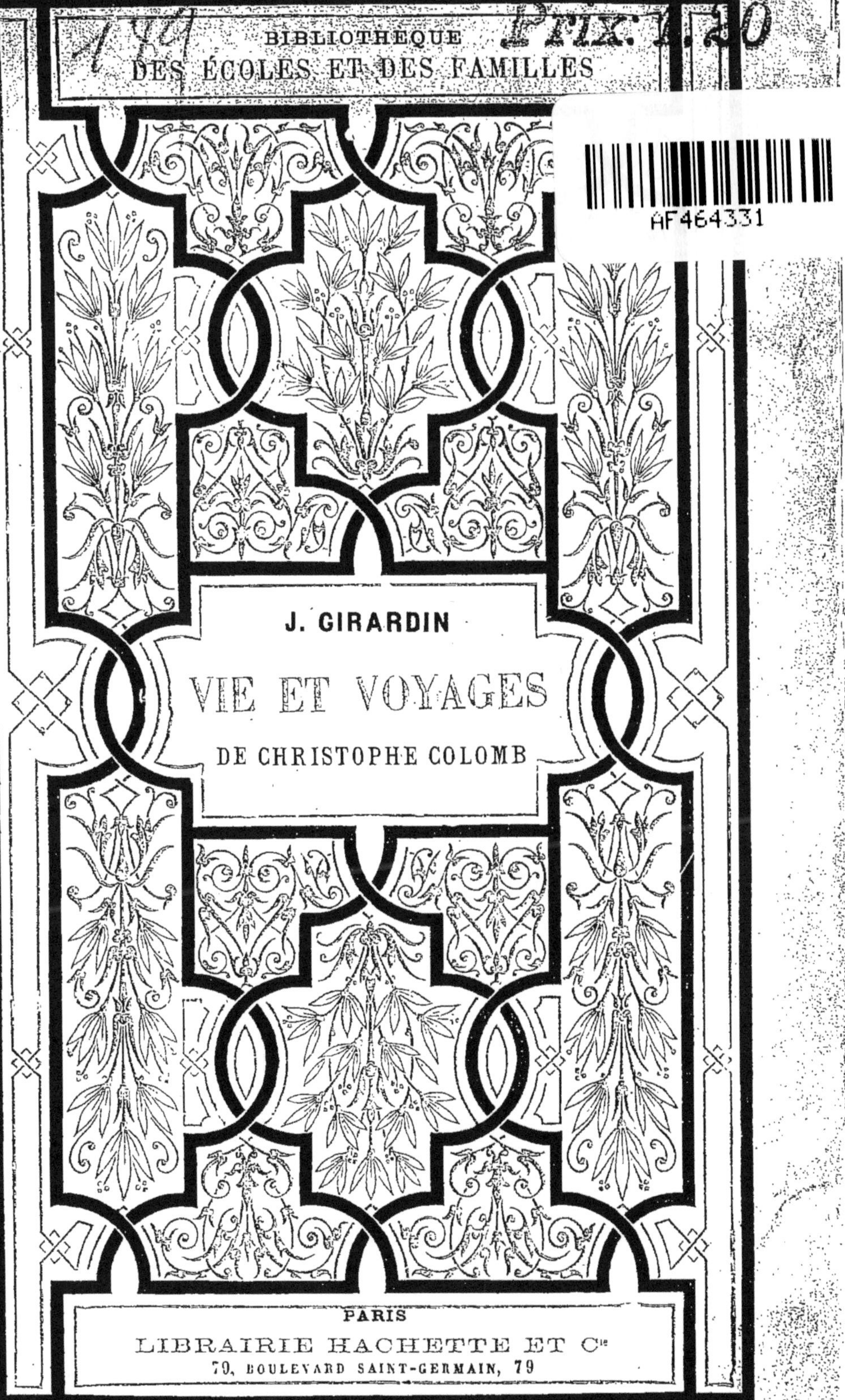
BIBLIOTHÈQUE
DES ÉCOLES ET DES FAMILLES
Prix: 1.20
J. GIRARDIN
VIE ET VOYAGES
DE CHRISTOPHE COLOMB
PARIS
LIBRAIRIE HACHETTE ET Cie
79, BOULEVARD SAINT-GERMAIN, 79

VIE ET VOYAGES

DE

CHRISTOPHE COLOMB

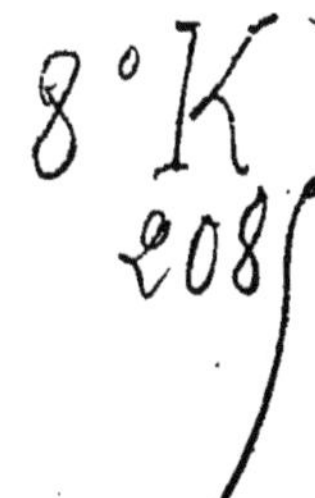

CHRISTOPHE COLOMB

BIBLIOTHÈQUE

DES ÉCOLES ET DES FAMILLES

VIE ET VOYAGES

DE

CHRISTOPHE COLOMB

D'APRÈS WASHINGTON IRVING

PAR

J. GIRARDIN

QUATRIÈME ÉDITION

PARIS

LIBRAIRIE HACHETTE ET Cie

79, BOULEVARD SAINT-GERMAIN, 79

1891

VIE ET VOYAGES

DE

CHRISTOPHE COLOMB

CHAPITRE PREMIER

Naissance de Colomb[1]. — Ses premières années.

Colomb naquit à Gênes, vers 1435. Domenico Colombo, son père, exerçait le métier de cardeur de laine ; c'était un honnête homme et un homme intelligent, qui se préoccupa de faire donner de l'instruction à son fils. On a souvent essayé de prouver que Colomb descendait d'une illustre origine, et plusieurs familles nobles l'ont réclamé pour un des leurs. Cela prouve surtout que son nom était devenu un titre de gloire.

Fernando, un de ses fils, disait avec raison : « Pour moi, je serais moins fier d'être le descendant d'une noble lignée que le fils d'un père comme le mien ! »

Colomb était l'aîné de quatre enfants. Il avait deux frères, Barthélemi et Giacomo (en espagnol, Diego), et une sœur dont on ne sait rien, sinon qu'elle épousa un homme obscur nommé Giacomo Bavarello.

Il montra dès son enfance une grande aptitude pour le

1. En italien, Colombo ; en espagnol, Colon.

dessin, un goût très vif pour les études géographiques et une passion irrésistible pour la mer. Son père eut le bon esprit de ne pas contrarier sa vocation. Il l'envoya à l'université de Pavie, où il étudia la géométrie, l'astronomie et l'art de la navigation. Il s'y familiarisa aussi avec le latin, car à cette époque l'enseignement des écoles se faisait en latin. Comme il resta peu de temps à Pavie, il n'y put guère apprendre que les éléments des sciences qu'on y enseignait; il s'y perfectionna tout seul dans la suite, à force de volonté et de persévérance, et finit par y exceller. C'était, en effet, un de ces hommes de génie qui semblent se former tout seuls; qui, pour avoir lutté dès le début contre les difficultés et les obstacles, acquièrent l'intrépidité et la facilité nécessaires pour les braver et pour les vaincre.

D'après son propre témoignage, il n'avait que quatorze ans lorsqu'il commença à naviguer.

La vie du marin à cette époque était une vie de hasards et de coups de main. Une expédition commerciale avait l'air d'une croisière de guerre, et le trafiquant avait souvent à livrer bataille pour passer d'un port à l'autre. La piraterie était, ou peu s'en faut, reconnue comme légitime. Les guerres si fréquentes en Italie d'État à État, les courses des Catalans, les flottilles lancées par les nobles, qui étaient de petits souverains, les vaisseaux et les flottes errantes des aventuriers, enfin les guerres saintes dirigées contre les musulmans, faisaient des mers resserrées où était confinée la navigation le théâtre des exploits les plus extraordinaires et des plus tragiques aventures. Voilà la rude école où Colomb apprit son métier.

Le premier voyage de Colomb sur lequel on ait des données certaines eut lieu en 1459. Jean d'Anjou, duc de Calabre, préparait à Gênes une expédition navale contre Naples, pour rendre le royaume de Naples à son père René, comte de Provence. La république de Gênes fournissait au duc

COLOMB DANS SA JEUNESSE.

de Calabre de l'argent et des vaisseaux; beaucoup d'aventuriers équipèrent à leurs frais des vaisseaux et des galères pour prendre part à l'expédition. Parmi ces aventuriers se trouvait un certain Colombo, renommé pour sa brillante valeur, et parent éloigné du jeune Colomb, qu'il emmena avec lui.

Pendant cette lutte qui dura quatre ans, Colomb montra tant de résolution et d'intelligence qu'on lui confia un commandement.

A la suite de cette expédition, nous perdons sa trace pendant plusieurs années.

Sur cette partie obscure de sa vie, son fils Fernando nous a conservé l'anecdote suivante. Colomb naviguait avec Colombo le jeune, neveu de Colombo l'ancien, corsaire si redouté des infidèles que les mères musulmanes se servaient de son nom pour faire peur à leurs enfants quand ils n'étaient pas sages.

Colombo le jeune guettait quatre galères vénitiennes, qui revenaient de Flandre richement chargées. Il les attaqua sur la côte de Portugal, entre Lisbonne et Saint-Vincent. Le combat dura depuis le matin jusqu'au soir. Le vaisseau que commandait Christophe Colomb avait affaire à une grosse galère vénitienne. Après un échange de grenades et autres projectiles, les deux vaisseaux retenus l'un contre l'autre par les grapins d'abordage ne formèrent bientôt plus qu'une seule masse de flammes. Colomb se jeta à la mer, et en s'aidant d'une rame qui lui tomba sous la main, réussit à gagner la côte, qui était à plus de deux lieues. « Il plut à Dieu, dit son fils Fernando, de lui donner la force nécessaire et de le réserver pour de plus grandes choses. »

Quand il eut repris ses forces, il se rendit à Lisbonne. Il y rencontra un certain nombre de Génois, ce qui le décida à s'y fixer.

Tel est du moins le récit de Fernando, et les historiens

modernes l'ont accepté sans discussion. Mais, en étudiant avec soin les différents historiens de l'époque, on s'aperçoit que le combat contre les galères vénitiennes n'a pu avoir lieu qu'après l'arrivée de Colomb en Portugal. Les grandes entreprises maritimes du Portugal étaient bien faites pour attirer un homme comme lui. Nous sommes donc amenés à conclure que son premier voyage à Lisbonne fut non pas le résultat fortuit d'une entreprise désespérée, mais la conséquence d'une louable curiosité et d'un honorable désir de tenter la fortune.

CHAPITRE II

État des découvertes sous le prince Henri de Portugal. — Séjour de Colomb à Lisbonne. — Idées que l'on se faisait des îles de l'Océan.

L'ère des découvertes modernes avait commencé peu de temps avant Colomb ; à l'époque où nous sommes arrivés, le Portugal poursuivait ces entreprises avec une grande activité. Les Canaries avaient été découvertes à nouveau au XIVe siècle, l'attention du monde s'était donc d'abord portée de ce côté. Mais la grande impulsion fut donnée par le prince Henri de Portugal, fils de Jean Ier, surnommé le Vengeur, et de Philippa de Lancastre, sœur de Henri d'Angleterre. Ayant accompagné son père en Afrique dans une expédition contre les Mores, le prince avait recueilli à Ceuta beaucoup de renseignements sur la côte de Guinée et sur d'autres contrées entièrement inconnues des Européens. A son retour en Portugal il poursuivit ses recherches. Abandonnant la cour, il se retira à la campagne dans les Algarves, près du cap Saint-Vincent, en vue de l'océan. Il attira près de lui les hommes les plus éminents par leur savoir et étudia lui-même toutes les sciences qui ont rapport à la navigation. C'est ainsi qu'il apprit tout ce que savaient les anciens sur la géographie et les Arabes d'Espagne sur l'astronomie. Il fut dès lors fermement convaincu que l'on pouvait arriver dans l'Inde en faisant le tour de l'Afrique.

Depuis longtemps le riche commerce de l'Inde était le monopole des Italiens, qui avaient des comptoirs à Constantinople et sur la mer Noire. C'est là que les marchandises précieuses

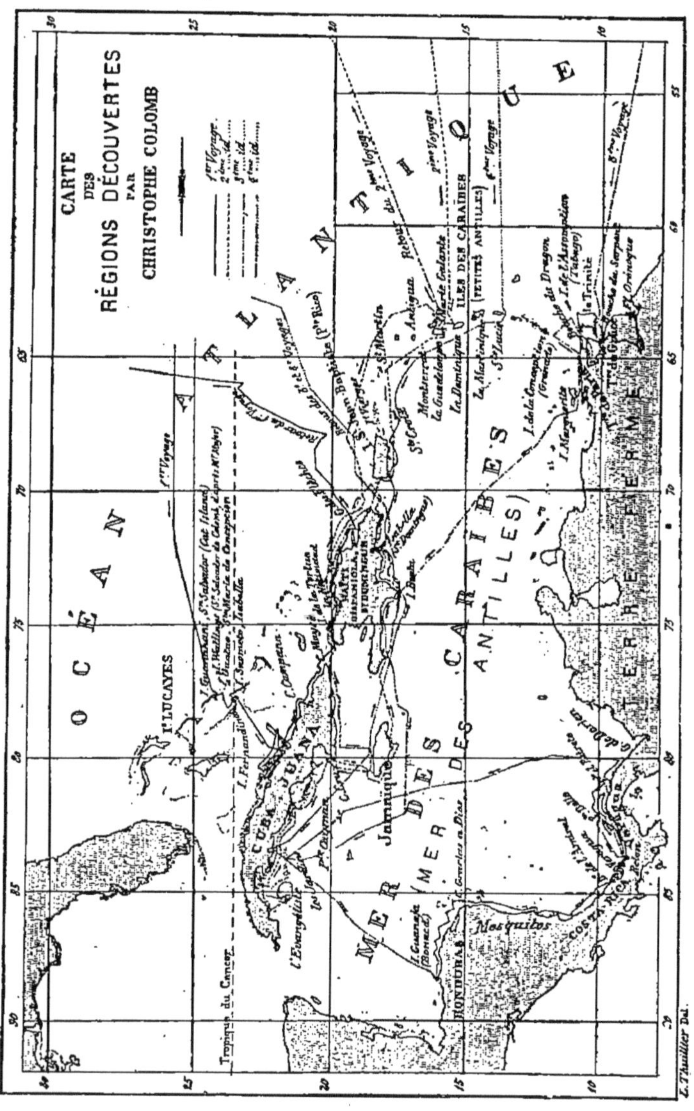

de l'Orient leur arrivaient à grands frais, par une longue route intérieure, pour se répandre ensuite sur toute l'Europe.

Le prince Henri voulut ouvrir au commerce de l'Inde une

voie plus facile et moins dispendieuse; mais, comme ses idées étaient en avance sur celles de son siècle, il eut à lutter contre l'ignorance et les préjugés.

La navigation était encore dans l'enfance. Les marins n'osaient perdre la terre de vue; ils redoutaient les profondeurs mystérieuses de l'Atlantique et les flammes dévorantes d'une prétendue zone de feu qui commençait au sud du cap Bojador; de sorte qu'ils n'osaient ni s'avancer à l'ouest, ni descendre vers le sud.

Le prince Henri fit appel à la science pour dissiper ces erreurs. Il établit à Sagres une école navale avec un observatoire et y attira les hommes les plus profondément versés dans la science nautique. Le succès ne tarda pas à couronner ses efforts. On commença à dresser avec plus de précision les cartes terrestres et les cartes marines. L'usage de la boussole se répandit et la marine portugaise se signala par la hardiesse de ses entreprises. On doubla le cap Bojador; on pénétra jusqu'aux tropiques, et les anciennes terreurs se dissipèrent d'elles-mêmes; on explora la côte d'Afrique du cap Blanc au cap Vert; on découvrit le cap Vert et les Açores. Pour s'assurer la pleine propriété de ces découvertes, Henri s'adressa au pape. Le pape, par une bulle célèbre, conféra à la couronne de Portugal l'autorité souveraine sur tous les pays que les Portugais pourraient découvrir dans l'Atlantique, en y comprenant l'Inde. Henri mourut le 13 novembre 1473 avant d'avoir atteint le grand objet de son ambition. Du moins il avait assez vécu pour ouvrir à son pays le chemin qui devait le conduire au plus haut point de la prospérité.

La renommée des découvertes portugaises attira l'attention du monde; les savants, les curieux, les aventuriers accoururent à Lisbonne pour prendre part aux expéditions qui se succédaient sans interruption. Colomb fit comme les autres et arriva vers 1470. Il était alors dans toute la force de l'âge, et dès l'abord son extérieur prévenait en sa faveur. Il était grand, bien fait, vigoureux, avec un maintien plein de noblesse et de dignité. Sobre et simple, il était éloquent dans ses discours, engageant et affable avec les étrangers, si bon et si aimable dans la vie de famille que tous les siens avaient pour lui le plus profond attachement. Naturellement irritable, il avait triomphé de cette fâcheuse disposition par l'effet de sa seule magnanimité; il se comportait avec une gravité pleine de courtoisie et de douceur, et ne se permettait jamais aucune intempérance de langage. Sa piété était profonde et sincère; on y remarquait cette élévation, cette noblesse et cet enthousiasme qui faisaient le fond même de son caractère.

Il épousa, par affection, une dame de haut rang qui n'avait point de fortune : Doña Felipa, fille de Moñis de Palestrello, navigateur italien devenu illustre au service du Portugal.

Les nouveaux mariés vivaient avec la mère de Doña Felipa, qui était veuve. Voyant l'intérêt que prenait son gendre aux choses maritimes, la veuve de Moñis lui racontait tout ce qu'elle savait des voyages et des expéditions de son mari; elle finit par lui donner ses cartes marines, ses journaux et tous ses manuscrits. C'est ainsi que Colomb eut connaissance des routes des Portugais, de leurs plans et de leurs idées. Naturalisé Portugais par son séjour dans le pays et par son mariage, il eut occasion de faire quelques voyages à la côte de Guinée. Quand il ne naviguait pas, il dessinait, pour faire vivre sa famille, des cartes terrestres et des cartes marines. Quoiqu'il fût réellement pauvre, il trouvait encore moyen de pourvoir à l'éducation de ses frères et aux besoins de son vieux père, qui était demeuré à Gênes. Il alla vivre pour un temps à l'île de Porto-Santo, où sa femme avait un petit bien; c'est là que naquit son fils Diego. La sœur de sa femme était mariée à un navigateur connu, Pedro Correa, qui avait été gouverneur de Porto-Santo.

Dans l'intimité de la vie domestique, Correa et Colomb

s'entretenaient fréquemment des îles découvertes dans l'Atlantique, de l'exploration des côtes d'Afrique, de la route de l'Inde, que l'on cherchait depuis si longtemps, et des îles inconnues qui se trouvaient probablement dans l'ouest. Toutes les imaginations étaient excitées par les découvertes récentes et remplies de l'idée qu'il y avait peut-être, dans l'immensité de l'océan, d'autres îles plus belles et plus riches. Les opinions et les fantaisies des anciens avaient recommencé à circuler : il y avait des gens qui croyaient sérieusement à l'île d'Antilla, à la fabuleuse Atlantis de Platon ; on parlait de certaines îles inconnues, aperçues accidentellement. La plupart du temps c'étaient des nuages entrevus à l'horizon, que l'imagination échauffée des navigateurs transformait ainsi en îles inconnues.

Colomb recueillait tous ces bruits avec un soin curieux, et il est possible qu'ils aient agi sur son imagination. Mais, bien qu'il y eût en lui quelque chose du visionnaire, c'est à d'autres sources que son pénétrant génie allait puiser ses sujets de méditation. Pendant que tous les autres s'acharnaient à chercher péniblement la route de l'Inde en côtoyant l'Afrique, lui, il rêvait de mettre hardiment le cap sur l'ouest et d'aller droit au but en traversant l'Atlantique. Cette idée une fois conçue, il est curieux de voir comment les puissants efforts de sa vigoureuse imagination dégagèrent son grand projet de découverte de cette masse de faits avérés, d'hypothèses rationnelles et de rumeurs populaires.

CHAPITRE III

Comment Colomb en vint à croire à l'existence de terres inconnues dans l'ouest.

Colomb était en correspondance avec Paolo Toscanelli, savant cosmographe de Florence. C'est dans une de ses lettres à Toscanelli, à la date de 1474, qu'il est question pour la première fois de son dessein de chercher la route de l'Inde à l'ouest; mais il est évident qu'il avait déjà médité longtemps sur ce sujet. Ce qui le détermina, ce fut l'étude approfondie des théories géographiques des anciens, fécondée par sa propre expérience, et aussi les découvertes des modernes et les progrès de l'astronomie. Il posa comme principe fondamental que la terre était un globe composé de terre et d'eau dont on pouvait faire le tour en allant de l'est à l'ouest, et que les hommes placés aux points opposés de ce globe se trouvaient opposés par les pieds, avec la tête en sens inverse. D'accord avec Ptolémée, il divisa à l'équateur la circonférence, de l'est à l'ouest, en vingt-quatre heures de quinze degrés chacune; en tout, trois cent soixante degrés. En comparant le globe de Ptolémée avec la carte plus récente de Marin de Tyr, il imagina que quinze heures avaient été connues des anciens depuis les Canaries ou îles Fortunées jusqu'à la ville de Thinæ, en Asie, qui formaient les extrémités du monde connu. Les Portugais avaient reculé la frontière ouest d'une heure par la découverte des Açores et des îles du Cap-Vert; il restait donc encore à explorer huit heures, soit le tiers de la circonférence. Il supposa que cet espace était occupé en grande partie par les régions orientales de l'Asie, qui pouvaient s'étendre assez loin pour être proches des côtes occidentales de l'Europe et de l'Afrique. Donc un navigateur, en poussant tout droit de l'est à l'ouest, devait arriver à l'extrémité de l'Asie ou découvrir une autre terre située à l'est de l'Asie. La grande difficulté pouvait provenir de l'étendue d'océan qu'il faudrait parcourir; mais cette étendue ne pouvait pas être bien considérable si l'on admettait l'opinion de l'Arabe Alfragan. En effet, Alfragan, en réduisant l'étendue des degrés donnait à la terre une circonférence plus petite que les autres cosmographes.

Colomb fut confirmé dans son idée par une lettre de Toscanelli (1474). Toscanelli s'appuyait sur le récit de Marco Polo, voyageur vénitien du XVIe siècle qui avait pénétré fort avant en Asie, bien au delà des régions dessinées sur la carte de Ptolémée. Toscanelli, en réponse à une lettre où Colomb lui confiait son projet de chercher la route des Indes à l'ouest, l'encourageait à poursuivre son dessein, lui assurant qu'il ne devait pas y avoir plus de quatre mille milles, en ligne droite, de Lisbonne à la province de Mangi, près du Cathay, que l'on a reconnu depuis être la côte nord de la Chine. Il donnait une magnifique description de ce pays d'après Marco Polo, qui fait grand état du pouvoir et de la grandeur de son souverain le grand Khan, de la splendeur et de l'étendue de ses capitales de Cambalu et de Quinsai ou Kinsai, et des merveilles de l'île de Cipango, ou Zipangi, que l'on suppose être le Japon.

L'ouvrage de Marco Polo peut nous donner le secret de beaucoup des idées et des calculs de Colomb. Dans tous ses voyages il a toujours cherché les territoires du grand Khan, tels qu'ils ont été décrits par le voyageur vénitien, et dans toutes ses croisières au milieu des Antilles il a constamment nourri l'espoir d'arriver à l'île opulente de Cipango et aux côtes de Mangi et du Cathay. La lettre de Toscanelli était accompagnée d'une carte dressée en partie d'après Ptolémée et en partie d'après les descriptions de Marco Polo. La côte orientale de l'Asie était située en face de l'Europe et de l'Afrique et n'en était séparée que par un océan de peu d'étendue; dans cet océan étaient placés à des distances convenables Cipango, Antilla et les autres îles. C'est d'après cette carte conjecturale que Colomb se dirigea dans son premier voyage.

Non content de s'adresser aux savants, Colomb recueillait avec soin tout ce qui pouvait corroborer sa théorie, s'adressant aux vieux marins et aux habitants des îles récemment découvertes, qui se trouvaient pour ainsi dire aux frontières des connaissances géographiques. Voici ce qu'il apprit : A 100 lieues à l'ouest on avait vu trois îles; un marin du port Sainte-Marie, se rendant en Irlande, avait vu une terre à l'ouest, et ses compagnons de voyage y avaient reconnu l'extrémité de la Tartarie; à 460 lieues du cap Saint-Vincent on avait pêché un morceau de bois sculpté, poussé par le vent d'ouest et qui évidemment n'avait pas été travaillé avec un outil de fer. Pedro Correa lui affirma avoir vu à Porto-Santo un morceau de bois semblable qui également venait de l'ouest. Le roi de Portugal avait parlé à Correa d'énormes roseaux que la mer avait apportés de l'ouest. Colomb pensa tout de suite aux roseaux gigantesques qui, selon Pline, croissent en Asie. Toujours venant de l'ouest, d'énormes pins d'une espèce inconnue dans le pays avaient été jetés sur les côtes des Açores; on parlait aussi de deux cadavres trouvés sur la côte de l'île de Florès et dont les traits différaient de ceux de toutes les races connues.

En somme, les deux grandes raisons qui déterminèrent Colomb étaient fondées sur des erreurs; mais on peut dire que ce furent d'heureuses erreurs, car si Colomb n'avait pas cru la terre plus petite qu'elle n'était, et s'il ne s'était pas imaginé l'Asie presque voisine de l'Europe et de l'Afrique, il n'aurait peut-être pas osé se lancer à travers l'immensité mystérieuse et menaçante de l'Atlantique.

Une fois en pleine possession de sa théorie, Colomb n'eut plus ni doute ni hésitation : il parlait de la terre qu'il allait découvrir comme s'il l'avait déjà vue de ses propres yeux. En même temps un profond sentiment religieux se mêlait à toutes ses pensées et leur donnait quelquefois une teinte de superstition ; mais du moins c'était une superstition de l'ordre le plus élevé et le plus sublime. Il se regardait comme un homme choisi par la Providence pour accomplir ses grands desseins et faire une découverte annoncée par l'Esprit Saint et prédite par les prophètes.

La nature enthousiaste de ses conceptions donnait de l'élévation à sa pensée, de la dignité et de la fierté à son maintien.

Il conférait avec les souverains presque sur le pied d'égalité. C'étaient des empires qu'il leur proposait en leur offrant ses découvertes ; aussi ses conditions étaient-elles élevées en proportion ; jamais, même après de longs délais et des désappointements répétés, jamais, sous la pression d'une misère réelle, il ne consentit à rien rabattre de ses exigences, que les uns trouvaient extravagantes, tandis que les autres cherchaient à expliquer le fait par des raisons indignes de lui. Selon eux, Colomb en savait plus qu'il n'en voulait dire sur ce monde occidental ; un pilote qui était mort chez lui lui avait légué des manuscrits dans lesquels il était question de la terre inconnue de l'ouest, où il avait été poussé par les vents contraires. Cette calomnie et bien d'autres ont été examinées et réfutées depuis longtemps. Il paraît évident que cette grande entreprise a été l'audacieuse conception de son génie, poussé en avant par l'esprit du siècle et guidé par quelques rayons épars de science qui n'auraient rien fait germer dans une âme ordinaire.

CHAPITRE IV

Où en était l'esprit de découvertes en Portugal. — Colomb fait des propositions à la cour de Portugal.

Tout en mûrissant son projet, Colomb fit un voyage dans le nord, à Thulé. Il poussa même, dit-il, cent lieues plus loin, pénétra dans le cercle polaire et se convainquit par lui-même que la zone glaciale n'est pas inhabitable, comme le prétendait un préjugé populaire. La Thulé dont il parle doit être l'Islande, qui est bien plus à l'ouest de *l'ultima Thule* des anciens, telle qu'elle est indiquée sur la carte de Ptolémée. C'est tout ce que nous savons de ce voyage; il nous montre cependant à quel point Colomb était impatient de franchir les limites de l'ancien monde et de se lancer dans les régions inconnues de l'océan.

Plusieurs années s'écoulèrent sans qu'il fît aucune tentative pour mettre son projet à exécution. Pour une entreprise de cette nature il ne fallait rien moins que le patronage d'un souverain capable de fournir les moyens d'exécution, de prendre possession des pays découverts et d'assurer à l'auteur de la découverte des récompenses et des dignités proportionnées au service rendu.

L'esprit de découvertes avait langui pendant toute la fin du règne d'Alphonse de Portugal : ce prince était trop occupé de ses guerres avec l'Espagne pour se lancer dans une entreprise pacifique qui entraînerait de grandes dépenses et dont le succès était incertain; en outre, la navigation était trop imparfaite pour qu'on pût tenter une aventure si pleine de périls. On faisait bien encore quelques découvertes le long de la côte d'Afrique; mais, quoique l'usage de la boussole se fût répandu, les marins n'osaient guère se risquer à perdre la terre de vue; de plus ils craignaient de pénétrer dans l'hémisphère austral, dont les constellations leur étaient absolument inconnues. Aussi le projet de Colomb leur faisait-il l'effet d'une folie.

Cependant les temps étaient accomplis : l'imprimerie, nouvellement inventée, répandait à flots les lumières, les connaissances et les idées; Jean II montait sur le trône de Portugal. Il avait pour les découvertes la même passion que son grand-oncle le prince Henri; on ne tarda pas à s'en apercevoir.

Les tentatives que l'on avait faites récemment pour découvrir une route vers l'Inde avaient excité une vive curiosité relativement aux parties lointaines de l'est et avaient remis en faveur les récits, vrais ou fabuleux, des voyageurs, surtout les fables qui concernaient le prêtre Jean. C'était un roi chrétien dont la domination s'étendait, disait-on, sur une partie lointaine de l'est; seulement personne n'avait pu encore pénétrer jusqu'à lui. Jean II, au commencement de son règne, envoya réellement des missions en quête de ce fantastique prêtre Jean.

Impatienté de voir que les découvertes marchaient si lentement le long de la côte d'Afrique et désireux de mener à bonne fin le projet de son grand-oncle et de faire flotter le pavillon portugais dans les mers de l'Inde, Jean II s'entoura de savants pour aviser aux moyens de perfectionner l'art de la navigation. Ses deux médecins, qui étaient en même temps les meilleurs astronomes et les meilleurs cosmographes du royaume, Roderigo et le juif Joseph, entrèrent en conférences avec le célèbre Martin Behem; le résultat de leurs conférences fut l'application de l'astrolabe à la navigation. Cette découverte arrivait à son heure. Grâce à l'astrolabe, les navigateurs purent se risquer en pleine mer et osèrent perdre de vue les côtes. Dès lors l'entreprise de Colomb n'avait plus ce caractère hasardeux qui l'avait fait considérer comme impossible. Ce fut aussitôt après cet évènement qu'il demanda une audience au roi de Portugal pour lui exposer ses projets. Il est probable qu'il avait déjà fait des propositions à la ville de Gênes.

Le roi Jean écouta attentivement les propositions de Colomb et les soumit à une sorte de commission savante composée de Roderigo, de Joseph et du confesseur du roi, Diego Ortiz, évêque de Ceuta, renommé pour son savoir. Ce savant aréopage traita le projet d'extravagant et Colomb de visionnaire. Le roi ne s'en tint pas là, et convoqua son conseil, composé des personnes les plus instruites du royaume. Diego Ortiz se montra aussi hostile que la première fois à l'esprit de découverte, et le conseil rejeta à son tour les propositions de Colomb.

Plusieurs conseillers, et particulièrement Ortiz, voyant que le roi était mal satisfait de leur décision et ne renonçait pas absolument à l'entreprise, suggérèrent un stratagème grâce auquel le roi pourrait s'assurer tous les avantages de l'expédition sans compromettre la dignité de la couronne. Le roi, dans une heure funeste, se départit de sa justice et de sa générosité accoutumées, et eut la faiblesse de donner les mains à leur stratagème. Sous prétexte de s'éclairer, ces conseillers trop habiles se firent communiquer par Colomb un plan détaillé de son entreprise, en même temps que les cartes dont il comptait se servir. Pendant qu'ils le tenaient en suspens dans l'attente d'une décision, ils envoyèrent sous main une caravelle chargée de suivre la route qu'il avait tracée.

Partie des îles du Cap-Vert, la caravelle s'avança dans la direction de l'ouest pendant plusieurs jours. Comme le temps devenait mauvais et que l'on n'avait encore aperçu aucune terre, les pilotes revinrent à Lisbonne et, pour se laver du reproche de négligence et de manque de résolution, ne trouvèrent rien de mieux que de tourner le projet de Colomb en ridicule.

Le roi Jean se montrait disposé à reprendre l'affaire, mais Colomb, indigné de la mauvaise foi des conseillers, refusa net. La mort de sa femme venait de rompre le dernier lien qui l'attachait au Portugal; il quitta secrètement ce pays vers la fin de 1484, emmenant avec lui son fils Diego, qui n'était encore qu'un enfant.

Pendant près d'un an on perd sa trace. Un historien espagnol affirme qu'il se rendit à Gênes et renouvela de vive voix les propositions qu'il avait faites par écrit. Mais la république de Gênes était à moitié ruinée, et elle déclina des offres qui auraient assuré à jamais sa grandeur et la prospérité de toute l'Italie. On a affirmé, mais sans preuves suffisantes, qu'il essuya également un refus de la république de Venise, et pour les mêmes raisons. Plusieurs auteurs s'accordent à dire qu'il profita de son voyage à Gênes pour assurer, autant que le lui permettaient ses ressources fort restreintes, le sort de son vieux père. Vers la même époque il envoya son frère Barthélemi en Angleterre pour faire ses offres à Henri VII, dont il avait entendu vanter la sagesse et la munificence. Quant à lui, il partit pour l'Espagne, plus pauvre que jamais. Ce n'est pas une des circonstances les moins extraordinaires de cette vie si remplie d'évènements, que de voir Colomb mendier presque son pain pour aller, de cour en cour, offrir aux princes la découverte d'un monde.

CHAPITRE V

Arrivée de Colomb en Espagne. — Caractère des souverains espagnols.

A une lieue environ du petit port de Palos de Moguer, en Andalousie, sur une hauteur solitaire qui domine la côte, on voyait alors et on voit encore un ancien couvent de franciscains dédié à Santa Maria de Rabida. Un étranger qui voyageait à pied, en compagnie d'un enfant, s'arrêta un jour à la porte du couvent et demanda au frère portier un peu de pain et d'eau pour son enfant. L'administrateur du couvent, frère Juan Perez de Marchena, vint à passer et fut frappé de l'extérieur de l'étranger; devinant à son air et à son accent qu'il n'était pas Espagnol, il entra en conversation avec lui. L'étranger était Colomb, accompagné de son jeune fils Diego. Il se rendait à la ville voisine, Huelva, pour y chercher un des frères de sa défunte femme.

Frère Juan Perez était un homme intelligent, très au courant de tout ce qui se rattache à la géographie et à la navigation. Il s'intéressa à la conversation de Colomb et fut frappé de la grandeur de ses plans. Il lui offrit l'hospitalité et, comme il se défiait de ses propres lumières, il envoya chercher un savant de ses amis, nommé Garcia Fernandez, qui exerçait la médecine à Palos. Le médecin fut convaincu comme le moine que Colomb avait raison et que ses théories étaient irréprochables. De vieux pilotes, de vieux marins, consultés à leur tour, citèrent des faits d'où l'on pouvait conclure qu'il y avait des terres inconnues à l'ouest, dans l'Atlantique. Ce qui acheva de convaincre le moine, ce fut le suffrage d'un personnage très important dans le pays, un certain Martin Alonso Pinzon, qui habitait Palos. C'était un des marins les plus intelligents du temps et le chef d'une famille de navigateurs riches et distingués. Non seulement il approuva les plans de Colomb, mais encore il mit à sa disposition sa bourse et sa personne.

Frère Juan Perez conseilla à Colomb de se présenter à la cour d'Espagne et lui offrit de le recommander à son ami Fernando de Talavera, prieur du couvent de Prado, confesseur de la reine. Martin Alonso Pinzon s'offrit à payer les frais du voyage, et le moine se chargea de garder Diego et de faire son éducation. Plein d'espoir, Colomb, au printemps de 1486, se mit en route pour aller rejoindre la cour de Castille à Cordoue, où les souverains Ferdinand et Isabelle étaient en ce moment engagés dans leur chevaleresque entreprise contre les Maures de Grenade.

Ferdinand et Isabelle, on l'a dit avec raison, vivaient ensemble, non pas comme un mari et une femme dont les biens sont en commun sous la haute main du mari, mais comme deux monarques unis par une étroite alliance. Chacun des deux, souverain de son chef, avait son conseil particulier. En même temps le bonheur voulut qu'il y eût entre eux un parfait accord de vues et d'intérêts et une grande déférence de l'un pour l'autre; aussi, quoiqu'il y eût double souveraineté et double administration, il y avait toujours unité de vues et d'action.

Ferdinand avait dans l'esprit de la clarté, de l'étendue et de la pénétration. Il avait une humeur égale, une grande puissance de travail, une parfaite connaissance des hommes et toutes les qualités d'un diplomate. Les écrivains étrangers, moins enthousiates que les Espagnols, trouvent, non sans raison, qu'il y avait quelque étroitesse dans sa piété, et dans

COLOMB AU COUVENT DE SANTA MARIA DE RABIDA

son ambition plus d'avidité que de grandeur; qu'il faisait la guerre plutôt en prince avisé qu'en paladin, et cherchait moins à acquérir de la gloire qu'à étendre sa domination; enfin que c'était un politique froid, égoïste et artificieux. En Espagne, on l'appelait *le sage* et *le prudent*, en Italie, *le pieux*, en France et en Angleterre, *l'ambitieux* et *le perfide*.

Si les auteurs contemporains ont professé un grand enthousiasme pour Isabelle, le temps a sanctionné leurs éloges. Elle était de taille moyenne et bien faite; elle avait un beau teint, des cheveux châtains et des yeux d'un bleu clair. Il y avait dans sa physionomie un mélange de gravité et de douceur, et une singulière modestie qui donnait un charme particulier à la fermeté de son caractère et au sérieux de son esprit. Si elle était profondément attachée à son mari et très jalouse de sa gloire, elle savait faire respecter ses droits de prince allié. Elle était supérieure à Ferdinand par sa beauté, sa dignité personnelle, sa pénétration et sa grandeur d'âme. Avec l'énergie et la résolution d'un homme elle avait la douceur et la tendresse d'une femme; dans les conseils de guerre de son mari, comme elle avait une idée plus vraie de la gloire, elle animait d'un souffle plus généreux son âme de politique subtil et calculateur.

C'est surtout dans l'histoire politique de son règne que le caractère d'Isabelle brille de tout son éclat. Son soin le plus cher était de réformer les lois et de guérir les maux engendrés par une longue suite de guerres civiles. Elle s'entourait des hommes les plus éminents dans la littérature et dans les sciences et, guidée par leurs conseils, se plaisait à encourager les lettres et les arts.

CHAPITRE VI

Colomb adresse ses propositions à la cour de Castille.

Lorsque Colomb arriva à Cordoue, il tomba au milieu des préparatifs de la guerre ; la cour ressemblait à un camp. Le moment semblait mal choisi pour présenter une requête comme celle qu'il venait présenter. On ne songeait qu'à la campagne qui allait s'ouvrir contre les deux rois rivaux de Grenade, réconciliés en présence de l'ennemi. Fernando de Talavera lui-même, qui faisait partie du conseil en qualité de conseiller clerc, avait l'esprit entièrement tourné du côté de la « guerre sainte » ; aussi, malgré la lettre d'introduction du digne frère Juan Perez, écouta-t-il Colomb d'une oreille distraite et trouva-t-il que ses plans étaient extravagants et impraticables. La campagne s'ouvrit sans que Colomb eût pu obtenir même une simple audience des souverains. Peut-être sa requête ne leur fut-elle pas mise sous les yeux, peut-être leur fut-elle présentée sous un jour défavorable.

Colomb passa l'été et l'automne de l'année 1486 à Cordoue, attendant que les circonstances fussent plus favorables et comptant sur le temps et sur sa persévérance pour se faire des partisans parmi les personnes intelligentes et les gens puissants. Cependant il en était réduit pour vivre à dessiner des cartes; les gens légers et dédaigneux le tournaient en ridicule, les plus indulgents le traitaient de songe-creux, les autres d'aventurier; les enfants, quand il passait, se touchaient le front du bout du doigt pour donner à entendre que c'était un fou. La magnificence de ses promesses faisait avec la pauvreté de ses vêtements un contraste qui choquait les regards des courtisans. « Comme c'était un étranger, dit Oviedo, comme il venait pauvrement vêtu, sans autre recommandation que la lettre d'un frère gris, on ne voulait pas le croire, on ne voulait pas même l'écouter; aussi il était grandement torturé dans son imagination. »

C'est pendant son séjour à Cordoue qu'il s'attacha à Doña Beatrix Enriquez, dame d'une famille noble de cette ville. Comme beaucoup d'autres circonstances de cette partie de sa vie, sa liaison avec cette dame est enveloppée d'une profonde obscurité, mais semble, dans tous les cas, n'avoir point été sanctionnée par le mariage. Béatrix fut la mère de son second fils Fernando, qui devint son historien et qu'il traita toujours sur le même pied que son fils légitime Diego.

A la fin les hommes de réflexion finirent par remarquer cet étranger isolé qui, presque sans appui, essayait de parvenir au pied du trône pour y déposer une proposition si extraordinaire. On ne pouvait pas s'entretenir avec lui sans être frappé de la dignité de ses manières, de la profonde sincérité de son langage et de la force de son raisonnement. Alonzo de Quintanilla, contrôleur des finances de Castille, devint un ardent défenseur de sa théorie et le reçut chez lui à titre d'hôte. Il fut soutenu également par Antonio Geraldini, nonce du pape, et par son frère Alexandre Geraldini, précepteur des jeunes enfants de Ferdinand et d'Isabelle. Ces amis l'introduisirent auprès de Pedro Gonzalez de Mendoza, archevêque de Tolède et grand cardinal d'Espagne. C'était le personnage le plus important de toute la cour; Colomb lui plut, ses arguments le frappèrent, et il obtint pour lui l'audience si longtemps et si patiemment attendue.

Colomb se présenta avec une grande dignité, se sentant, comme il le dit lui-même plus tard, « animé d'un feu sacré qui descendait d'en haut »; Ferdinand se connaissait trop bien en hommes pour n'être pas frappé du caractère de Colomb et pour ne pas l'apprécier. Il comprit aussi que son projet était fondé sur des données scientifiques, et son ambition fut excitée par la grandeur des résultats entrevus. Néanmoins il ne se départit pas de sa froideur et de sa circonspection habituelle. Il ordonna à Fernando de Talavera d'assembler les astronomes et les cosmographes les plus savants du royaume pour les mettre en présence de Colomb. Ils devaient lui faire subir une sorte d'examen, conférer entre eux et communiquer au roi le résultat de leur conférence. Colomb se croyait sûr du succès : n'avait-il pas affaire désormais à des hommes instruits, éclairés et naturellement élevés au-dessus des préjugés étroits et de l'intérêt égoïste?

CHAPITRE VII

Colomb devant le conseil de Salamanque.

Cette intéressante conférence eut lieu à Salamanque, le foyer des lumières de l'Espagne, dans le couvent dominicain de Saint-Étienne, le collège le plus renommé de toute l'université. Colomb y reçut la plus large hospitalité tout le temps que dura le congrès. Le conseil était composé de professeurs de l'université, de dignitaires de l'Église et de moines savants. Colomb ne tarda pas à s'apercevoir que la plupart de ses juges étaient des ignorants et des esprits étroits.

La majorité de la savante assemblée était prévenue contre lui, comme le sont généralement les gens qui ont places et dignités contre les solliciteurs pauvres. Quand on a devant soi un homme à examiner, on se figure trop facilement qu'on est tenu de le prendre en faute. Qu'était Colomb, d'ailleurs, aux yeux de la docte assemblée? Un obscur navigateur, sans titres, sans grades, sans dignités d'aucune sorte. La plupart de ses juges le tenaient d'avance pour un songe-creux, ou même pour un aventurier ; d'autres éprouvaient, en présence de ses projets, cette impatience et ce malaise qu'éprouvent les gens de routine devant toute innovation. Quant à lui, il soutenait sa thèse avec une éloquence naturelle et plaidait pour ainsi dire la cause du nouveau monde. On dit que lorsqu'il exposa les principes de sa théorie, les moines de Saint-Étienne furent seuls à l'écouter sérieusement.

COLOMB DEVANT LE CONSEIL DE SALAMANQUE.

Quelques-unes des objections qui sont parvenues jusqu'à nous ne font pas grand honneur à l'université de Salamanque. Dès le début de la discussion Colomb fut assailli de citations, tirées de la Bible et des ouvrages des premiers Pères de l'Église, que l'on jugeait incompatibles avec sa théorie. On entremêlait les points de doctrine et les discussions philosophiques, et l'on rejetait toute démonstration mathématique qui paraissait en contradiction avec un texte de l'Écriture ou avec les commentaires d'un des Pères. Sur l'autorité de Lactance et de saint Augustin on se moqua des antipodes et on refusa d'admettre que la terre eût la forme d'une sphère.

Ceux qui étaient assez hardis pour admettre ces deux propositions soutenaient qu'on ne pouvait passer d'un hémisphère à l'autre à cause de la chaleur de la zone torride. Quant à chercher des terres à l'ouest, c'était une folie. Il faudrait bien trois ans pour faire le voyage, et en trois ans on aurait dix fois le temps de mourir de faim et de soif. A supposer qu'un navire pût atteindre l'extrémité de l'Inde, il ne pourrait jamais revenir, même par les vents les plus favorables, puisque, étant admis que la terre soit ronde, il y aurait entre le point de départ et le point d'arrivée une sorte de montagne infranchissable! Quelque absurdes que puissent nous paraître ces objections, soyons justes et n'oublions pas que si l'absurdité de quelques-unes est à la honte de ceux qui les ont faites, il y en a qui s'expliquent par l'état d'imperfection où se trouvaient encore à cette époque la plupart des sciences.

Colomb, intimidé d'abord par la présence de l'auguste aréopage, reprit confiance en lui-même à la seule idée qu'il avait une mission à remplir; d'ailleurs il était de ceux que la contradiction excite et que les obstacles à vaincre animent d'une ardeur généreuse. Aux objections tirées des philosophes et de l'Écriture il répondit par des citations des philosophes et de l'Écriture, qu'il possédait bien, et aussi par les résultats de sa propre expérience, lui qui avait pénétré en personne jusqu'à la zone torride et jusqu'à la zone glaciale.

Tout à coup le visionnaire qui était en lui s'exalta. Écartant de la main ses cartes, ses théories, sa science, il attaqua ses adversaires sur leur propre terrain, citant les passages de l'Écriture et les prédictions des prophètes où sa future découverte était annoncée d'avance.

Quelques-uns de ses auditeurs furent convaincus par ses raisonnements et entraînés par son éloquence; il faut citer parmi ceux-là Diego de Deza, un digne frère de l'ordre de Saint-Dominique, alors professeur de théologie au couvent de Saint-Étienne, promu plus tard à l'archevêché de Séville. En joignant ses efforts à ceux de Colomb, il réussit à lui gagner encore quelques partisans; mais la masse de l'assemblée s'obstina dans son inertie par étroitesse d'esprit, par pédanterie ou par orgueil.

La commission, après avoir interrogé Colomb, tint plusieurs conférences qui n'aboutirent pas. Fernando de Talavera, de qui tout dépendait, était trop occupé des affaires publiques pour prendre grand intérêt à autre chose. En 1487 la cour quitta Cordoue sans qu'on eût rien décidé, et Colomb put se croire aussi loin que jamais du but qu'il avait espéré atteindre.

Pour donner carrière à l'activité de son esprit et de son corps, il se jeta dans les aventures de la guerre à la suite de la cour; se souvenant de son premier métier, il se distingua tout particulièrement dans une des campagnes les plus rudes et les plus hasardeuses. Il assista au siège et à la capitulation de Malaga et de Baza, et il était présent lorsque El Zalgal, l'aîné des deux rois rivaux de Grenade, céda sa couronne et son royaume aux souverains d'Espagne. Pendant le siège de Baza, deux révérends pères gardiens du Saint Sépulcre de Jérusalem arrivèrent au camp, porteurs d'une sinistre nouvelle. Le grand soudan d'Égypte menaçait de massacrer tous les chrétiens qui étaient dans ses États et de détruire le Saint Sépulcre, si les souverains d'Espagne continuaient la guerre contre les musulmans de Grenade. Très probablement la pieuse indignation que ressentit Colomb à cette menace fit naître dans son esprit un projet dont il fut préoccupé jusqu'à son dernier jour : il résolut de consacrer les trésors qui lui reviendraient de sa découverte à une croisade pour délivrer le Saint Sépulcre.

En attendant, il vivait en dessinant des cartes; quelquefois le digne frère Diego de Deza l'aidait de sa bourse; quelquefois aussi Alonzo de Quintanilla lui offrait l'hospitalité. Il est juste de dire, à la décharge des souverains, qu'il faisait officiellement partie de leur suite et que, quand la cour se déplaçait, on pourvoyait à ses dépenses et à son logement. Quelquefois, quand les souverains avaient un moment de loisir, ils se plaisaient à s'entretenir avec lui; mais ces entretiens étaient rares et courts et n'amenaient aucun résultat.

A la fin de l'hiver de 1491 Colomb perdit patience et devint pressant. Sur l'ordre des souverains, Fernando de Talavera réunit une nouvelle assemblée de savants. L'assemblée, encore une fois, condamna les projets de Colomb.

Cependant ses idées avaient fait peu à peu leur chemin dans l'entourage des souverains. Malgré la décision de l'assemblée, Ferdinand et Isabelle ne voulurent pas renoncer à un projet dont le succès pouvait leur procurer de si grands avantages. Ils le prièrent donc de vouloir bien attendre la fin de la guerre. Colomb crut qu'on voulait tout simplement se débarrasser de ses importunités et quitta la cour, le cœur plein d'amertume et d'indignation.

CHAPITRE VIII

Colomb cherche un patronage parmi les grands d'Espagne. — Il retourne au couvent de la Rabida. — Il reprend ses négociations avec les souverains.

(1491)

Colomb avait reçu des lettres très engageantes des rois de France et d'Angleterre; le roi de Portugal, de son côté, le pressait de venir à sa cour. Mais il semble qu'il eut un attachement tout particulier pour l'Espagne, sans doute parce que c'était la résidence de Béatrix Enriquez et de ses enfants. Il songea donc à s'adresser à quelqu'un de ces grands d'Espagne qui avaient de vastes domaines, exerçaient les droits féodaux et étaient comme de petits souverains sur leurs terres. Il jeta les yeux sur les ducs de Médina Sidonia et de Médina Celi, dont les principautés étaient sur le bord de la mer, et qui avaient des armées de vassaux, des ports et de véritables flottes à leurs ordres. Colomb eut plusieurs entrevues avec le duc de Médina Sidonia. L'énormité même des bénéfices prévus mit ce grand seigneur en défiance; il rompit avec Colomb, le considérant comme un Italien visionnaire.

Le duc de Médina Celi, au moment de lui confier trois caravelles, se ravisa, craignant d'exciter la jalousie des souverains. Il conseilla à Colomb de reprendre l'affaire avec eux et écrivit à la reine à ce sujet. Mais Colomb avait résolu de partir pour Paris. Il se rendit au couvent de la Rabida pour y prendre son fils aîné Diego, afin de le laisser avec son autre fils à Cordoue.

Lorsque le digne frère Juan Perez vit, après sept ans, Colomb revenir aussi pauvre qu'il était parti, il éprouva un profond chagrin. Mais quand il apprit que son hôte songeait à quitter l'Espagne pour porter ses propositions ailleurs, son patriotisme s'alarma. Il écrivit une lettre très pressante à la reine, dont il avait été le confesseur, et il supplia Colomb de vouloir bien attendre la réponse.

Au bout de quatorze jours, le messager revint avec une lettre de la reine Isabelle, qui était alors au camp royal de Santa-Fé, devant Grenade, remerciait le frère Juan Perez, le priait de se rendre aussitôt à la cour et faisait savoir à Colomb qu'il entendrait bientôt parler d'elle. Le frère Juan plaida si bien la cause de son ami qu'Isabelle le fit mander aussitôt. Avec sa bonté habituelle elle s'inquiéta de l'état de ses affaires et lui fit donner de quoi acheter une mule pour le voyage et des habits convenables pour se présenter à la cour.

Il arriva au camp juste à temps pour voir Boabdil el Chico, le dernier des rois maures, rendre à Ferdinand et à Isabelle les clefs de l'Alhambra. La fin de la guerre mit les souverains en demeure de tenir leur promesse. Ils abouchèrent Colomb avec des personnes de confiance, parmi lesquelles se trouvait Fernand de Talavera, qui venait d'être nommé archevêque de Grenade. Mais presque aussitôt il s'éleva des difficultés inattendues. Colomb tenait à être investi des titres et privilèges d'amiral et de vice-roi dans les contrées à découvrir, avec un dixième des bénéfices provenant soit du commerce, soit de la conquête. Les courtisans qui traitaient avec lui s'indignèrent d'une telle prétention de la part d'un homme qu'ils avaient regardé jusque-là comme un aventurier besogneux. Ses conditions furent jugées inadmissibles, et on lui en proposa d'autres plus modérées; mais il les refusa net, et la conférence fut rompue.

Il est impossible de ne pas admirer la persévérance et la dignité qu'il montra dans cette circonstance. La plus grande partie de sa vie avait été perdue en sollicitations inutiles, et pendant tout ce temps-là il avait été en butte à l'amertume de la pauvreté, à l'indifférence, au ridicule, aux désappointements de toute sorte; s'il s'adressait à une autre cour, il aurait probablement à subir les mêmes avanies; malgré cela rien ne put triompher de sa constance, ni lui faire accepter des conditions qu'il trouvait au-dessous de la dignité de son entreprise. Dégoûté désormais de l'Espagne, où il avait essuyé tant de déboires, il résolut de la quitter pour toujours. Il partit de Santa-Fé et prit la route de Cordoue, bien décidé à partir sans délai pour la France.

Ceux qui croyaient en lui eurent la mort dans l'âme en le voyant décidé à quitter le pays. Luis de Saint-Angel, receveur des revenus ecclésiastiques d'Aragon, et Alonzo de Quintanilla résolurent de tout tenter pour empêcher un pareil malheur. Ils coururent chez la reine, et Saint-Angel lui parla avec tout le courage et toute l'éloquence que lui inspirait la nécessité présente. Il ne se contenta pas cette fois des instances, il osa aller jusqu'aux reproches.

L'éloquence de cet homme de bien enflamma l'âme généreuse d'Isabelle; ses yeux s'ouvrirent, comme si le projet lui eût été exposé pour la première fois. Elle déclara qu'elle se chargeait de l'entreprise; puis elle eut un moment d'hésitation en se rappelant que le roi Ferdinand ne l'approuvait pas et que le trésor royal avait été absolument épuisé par la guerre. Mais cette hésitation ne dura qu'un instant. Avec un enthousiasme digne d'elle et digne de la cause, elle s'écria : « Je me charge de l'entreprise pour ma couronne de Castille; et pour avoir l'argent nécessaire je mettrai mes joyaux en gage. »

Cette minute fut assurément la plus glorieuse de la vie d'Isabelle! A partir de ce moment son nom se trouva pour jamais attaché à la découverte du nouveau monde.

Saint-Angel, pour être bien sûr que son enthousiasme ne se refroidirait pas, dit à Sa Majesté qu'elle n'aurait point à mettre ses joyaux en gage : il avancerait les fonds nécessaires; ce serait un emprunt que ferait Sa Majesté à la trésorerie d'Aragon. La reine accepta son offre avec empressement.

Colomb, cependant, après avoir traversé la plaine de Grenade, était déjà arrivé au pont de Pinos, lorsqu'il fut rejoint par un courrier de la reine qui le pria de revenir à Santa-Fé. Il hésita un instant. Mais quand il sut qu'Isabelle avait engagé sa parole royale, il tourna bride et revint le cœur plein de joie à Santa-Fé; car il avait une foi absolue dans la noble loyauté de la reine.

CHAPITRE IX

Arrangement avec les souverains espagnols. — Préparatifs de l'expédition, au port de Palos.

(1492)

Dès son arrivée à Santa-Fé, Colomb eut une entrevue avec la reine; la bonté qu'elle lui montra lui fit oublier toutes les misères qu'il avait endurées. Par égard pour elle, Ferdinand se décida à patronner l'entreprise, mais Isabelle en fut réellement l'âme.

Le secrétaire royal, Juan de Coloma, dressa ainsi qu'il suit les articles du contrat :

I. Colomb aurait, pour lui-même pendant sa vie, et pour ses héritiers et successeurs à perpétuité, la charge de grand amiral sur toutes les mers, terres et continents qu'il pourrait découvrir, avec les mêmes honneurs et prérogatives dont jouissait le grand amiral de Castille dans son district.

II. Il serait vice-roi et gouverneur de toutes lesdites terres et continents, avec le privilège de désigner pour le gouvernement de chaque île ou province trois candidats parmi lesquels les souverains seraient tenus de choisir.

III. Il percevrait de droit le dixième de tous les bénéfices provenant du commerce et des productions des pays sur lesquels s'étendrait sa juridiction de grand amiral.

IV. Lui ou son lieutenant serait seul juge des procès ou difficultés de commerce qui pourraient s'élever entre ces pays et l'Espagne.

V. Il se réservait le droit, pour le présent et pour l'avenir, de contribuer pour un huitième aux frais des voyages de découvertes, à condition de percevoir le huitième des bénéfices.

Ces stipulations furent signées par Ferdinand et par Isabelle, à Santa-Fé, dans la Vega ou plaine de Grenade, le 17 avril 1492. Mais ce fut la couronne de Castille qui supporta toute la dépense. Pour s'indemniser du prêt que faisait la trésorerie d'Aragon à la couronne de Castille, Ferdinand mit la main sur une partie des premiers envois d'or qui vinrent du nouveau monde, pour dorer les voûtes et les plafonds du grand salon de son palais de Saragosse.

Toujours persuadé qu'il devait nécessairement atteindre l'extrémité de l'Inde, Colomb se proposait surtout de propager la foi chrétienne dans ce pays et de convertir le grand Khan. Isabelle par suite d'un zèle pieux, Ferdinand par un mélange de bigoterie et d'ambition, entrèrent dans les vues de Colomb et en conséquence lui donnèrent des lettres destinées au grand Khan de Tartarie.

Colomb demanda que les bénéfices à venir fussent employés à envoyer une croisade en Orient pour arracher le Saint Sépulcre des mains des infidèles. Les souverains crurent d'abord qu'il se laissait emporter par son imagination. Néanmoins ils donnèrent en souriant leur approbation à son projet. Mais Colomb parlait sérieusement. C'est l'idée de reconquérir le saint sépulcre qui le guida désormais dans toutes ses entreprises. La découverte d'un nouveau monde n'était plus le but principal de son ambition; ce n'était qu'un moyen d'arriver à l'accomplissement de son autre grand dessein. Il en est préoccupé jusque dans les stipulations de son testament.

Comme les gens de Palos de Moguer, en Andalousie, s'étaient rendus coupables de quelque désobéissance et avaient été condamnés en conséquence à mettre pendant un an deux caravelles tout équipées au service de la couronne, ce fut le port de Palos que l'on choisit pour y faire les préparatifs de l'expédition. Un ordre royal enjoignit aux autorités de Palos de tenir les deux caravelles prêtes dans dix jours et de placer les navires et les équipages sous les ordres de Colomb. Colomb fut autorisé à armer un troisième navire, et on le laissa absolument libre de ses mouvements. Seulement il lui fut interdit d'aller sur les brisées des Portugais, soit du côté de la Guinée, soit du côté de quelqu'un des pays qu'ils avaient récemment découverts. Il était enjoint aux habitants des côtes de l'Andalousie de fournir, sur réquisition et à un prix raisonnable, tout ce qui serait jugé nécessaire à l'expédition. Quiconque y mettrait le moindre empêchement serait puni avec une sévérité exemplaire.

Pour donner à Colomb avant son départ une marque de faveur toute particulière, Isabelle fit admettre son fils Diego au nombre des pages du prince Juan, l'héritier présomptif; cet honneur n'était accordé d'habitude qu'aux fils des plus grandes familles. Au comble de ses vœux, Colomb partit pour Palos le cœur rempli de joie. Lecteur, si tu es impatient de parvenir et prompt à te décourager devant les difficultés quand il s'agit de mener à bonne fin une grande et généreuse entreprise, souviens-toi de ceci : depuis la conception de son projet Colomb avait lutté dans l'angoisse et dans l'amertume pendant dix-huit ans, et il en avait cinquante-six lorsqu'il commença à entrevoir le succès. Que son exemple t'apprenne à espérer contre toute espérance.

Dès qu'ils connurent l'ordre du roi, les gens de Palos furent saisis d'étonnement et d'horreur; dans leur esprit les caravelles et les équipages étaient voués à une destruction certaine.

Le roi envoyait ordres sur ordres aux magistrats de Palos et à ceux de la ville voisine de Moguer, mais en vain. Les autorités, tenues en échec par l'opinion publique, perdaient la tête et n'arrivaient à rien.

A la fin Martin Alonso Pinzon se présenta et s'engagea de sa personne dans l'entreprise. Lui et son frère Vicente Yañez Pinzon, qui était aussi un navigateur intrépide et expérimenté, possédaient des vaisseaux et des équipages. Ils étaient

CARAVELLE DE CHRISTOPHE COLOMB.

liés avec tous les navigateurs de Palos et de Moguer et jouissaient d'une grande influence. On croit qu'ils payèrent pour Colomb le huitième qu'il s'était engagé à avancer sur les dépenses générales. Ils fournirent deux vaisseaux, et Vicente, comme son frère, s'engagea dans l'expédition. Leur exemple et leurs discours produisirent un effet merveilleux : beaucoup de leurs amis et de leurs parents consentirent à s'embarquer, et les navires furent prêts à partir environ un mois après l'arrivée de Colomb.

Les difficultés cependant n'avaient pas manqué pendant l'armement de l'expédition. Un troisième navire, appelé la *Pinta*, avait été mis en réquisition; les propriétaires, Gomez Rascon et Cristoval Quintero, ne voulaient pas entendre parler du voyage, non plus que l'équipage de la *Pinta;* plusieurs marins, volontairement enrôlés, se repentirent et désertèrent. Il fallut recourir à la force et aux mesures arbitraires et braver l'opinion publique.

Enfin, au commencement d'août, tout fut prêt. Deux des navires n'étaient que des barques légères, appelées caravelles. L'avant et l'arrière étaient relativement élevés, il y avait un gaillard d'avant et des cabines pour l'équipage; mais le milieu n'était pas ponté. La *Santa-Maria,* sur laquelle Colomb hissa son pavillon, était complètement pontée. Martin Alonso Pinzon commandait la *Pinta*, avec son frère Francisco Martin comme second ou pilote. La *Niña*, qui avait des voiles latines, était sous le commandement de Vicente Yañez Pinzon. Garcia Fernandez, le médecin de Palos, s'était embarqué avec eux, en qualité d'intendant. L'expédition comptait trois autres pilotes expérimentés, Sancho Ruiz, Pedro Alonso Niño et Barthélemi Roldan; en tout cent vingt personnes.

Quand la petite escadre fut prête à partir, Colomb se confessa au frère Juan Perez et communia. Son exemple fut suivi par les officiers et les marins. Palos était en deuil, car presque tous les habitants disaient adieu à quelque ami ou à quelque parent. Les marins, déjà abattus par leurs propres craintes, perdaient tout courage en voyant qu'on leur disait adieu avec des larmes et des lamentations, comme à des gens qu'on ne reverra jamais.

CHAPITRE X

Évènements du premier voyage. — Terre !

De grand matin, le vendredi 3 août 1492, Colomb partit de Palos pour les Canaries, d'où il comptait mettre le cap en plein sur l'ouest. Pour se conduire il avait la carte conjecturale que lui avait envoyée Toscanelli. Il comptait arriver d'abord à l'île de Cipango.

Le troisième jour, la *Pinta* fit des signaux de détresse : son gouvernail était brisé et démonté. On crut voir dans cet accident la main de Gomez Rascon et de Cristoval Quintero, et on les soupçonna de l'avoir préparé pour mettre le navire hors d'état de tenir la mer et pour forcer Colomb à le renvoyer. Colomb eut là un avant-goût des difficultés qu'il ne manquerait pas d'éprouver avec des hommes dont plusieurs avaient été embarqués de force et qui tous avaient l'esprit plein de doutes et d'appréhensions. La circonstance la plus indifférente, au début d'un voyage de cette nature, pouvait répandre la panique parmi les équipages et les pousser à se mutiner et à abandonner l'entreprise.

Martin Alonso Pinzon, qui commandait la *Pinta*, fit assujettir le gouvernail avec des cordes ; mais les cordes cédèrent bientôt. Comme d'ailleurs la *Pinta* laissait à désirer sous d'autres rapports, Colomb croisa pendant trois semaines au milieu des Canaries en quête d'un autre navire pour remplacer celui-là. Comme il n'en trouvait pas, il fit réparer la

Pinta, et remplacer le gouvernail. Il remplaça aussi les voiles latines de la *Niña* par des voiles carrées. Pendant qu'il s'occupait de ces changements et qu'il s'approvisionnait de bois et d'eau, il fut averti que l'on avait vu trois caravelles portugaises qui rôdaient aux environs de l'île de Fer. Craignant que le roi de Portugal ne songeât à lui faire un mauvais parti pour s'être mis au service de l'Espagne, il partit le 6 septembre de grand matin; mais pendant trois jours un calme plat le retint à peu de distance de la terre.

Le dimanche 9 septembre, au point du jour, il aperçut l'île de Fer, à neuf lieues de distance; il était par conséquent dans le voisinage de l'endroit où l'on avait aperçu les caravelles portugaises. Heureusement, au lever du soleil, la brise commença à souffler, et dans le courant de la journée les hauteurs de l'île de Fer s'effacèrent peu à peu à l'horizon.

En perdant la terre de vue, les équipages s'épouvantèrent et s'imaginèrent avoir dit adieu au monde pour toujours. Quelques vieux marins versèrent des larmes, d'autres se répandirent en lamentations. Colomb fit de son mieux pour relever leur courage en leur décrivant les magnifiques contrées où il se faisait fort de les conduire. Il leur promettait des terres, de l'argent, enfin tout ce qui pouvait exciter leur cupidité ou enflammer leur imagination. Et ce n'est pas pour les décevoir qu'il leur faisait ces promesses, car il comptait bien les réaliser toutes.

En cas que les vaisseaux fussent séparés par quelque accident, il recommanda aux capitaines de pousser droit vers l'ouest, l'espace de sept cents lieues; arrivés là, ils demeureraient en panne de minuit à la pointe du jour, assurés, il en était certain, de découvrir la terre à cette distance. Craignant de voir les terreurs des matelots s'accroître en proportion de la distance qui les séparerait de leur patrie et de leur foyer, il eut recours à un stratagème qu'il employa pendant tout le reste du voyage : c'était de ne laisser connaître aux matelots qu'une partie seulement de la distance parcourue chaque jour.

A cent cinquante lieues environ de l'île de Fer on rencontra un tronçon de mât qui devait provenir d'un grand vaisseau. Les matelots ne manquèrent pas de voir dans cette rencontre un sinistre présage.

Le 13 septembre, Colomb constata une variation dans la direction de l'aiguille. C'était un phénomène qu'il n'avait jamais eu occasion d'observer. Il eut soin de n'en pas parler, mais les pilotes le remarquèrent et en furent consternés. Il leur semblait que les lois de la nature changeaient à mesure qu'ils avançaient, et qu'ils entraient dans un monde nouveau soumis à des influences inconnues. Si la boussole perdait ses mystérieuses propriétés, qu'allaient-ils devenir au milieu d'une mer inconnue? Colomb se creusa l'imagination pour trouver une explication plausible. Il leur dit que l'aiguille se dirigeait, non pas vers l'étoile polaire, mais vers un point fixe qui était invisible. Si donc il y avait une variation dans la direction de l'aiguille, cela ne tenait pas à ce que la boussole était affolée, mais à ce que l'étoile polaire, comme tous les corps célestes, a ses changements et ses révolutions et décrit un cercle autour du pôle. La haute opinion que l'on avait de la science astronomique de Colomb fit que son explication fut acceptée et calma les alarmes des pilotes et des matelots.

Arrivés dans la région des moussons ou vents alizés, les navires furent poussés rapidement sur une mer tranquille sans avoir à changer une voile. Colomb, dans son journal, parle à chaque page de la douceur de la température et compare les matinées pures et embaumées de cette partie du voyage à celles du mois d'avril en Andalousie.

On commença à rencontrer de grandes plaques d'herbes et de plantes qui toutes allaient à la dérive de l'ouest à l'est. Quelques-unes de ces plantes ressemblaient à celles qui croissent sur les rochers et dans les rivières, elles étaient vertes comme si elles avaient été arrachées de la terre depuis peu de temps. Sur une de ces plaques il y avait un crabe vivant. On vit aussi un oiseau blanc des tropiques, d'une espèce connue pour ne jamais passer la nuit en mer; des thons se jouèrent autour des vaisseaux. Colomb supposa qu'il était arrivé dans la mer d'herbes décrite par Aristote, et où certains vaisseaux de Cadix avaient été jetés par un impétueux vent d'est.

A mesure que l'on avançait, il se présentait d'autres signes qui excitaient une grande animation parmi les équipages : des vols d'oiseaux venant de l'ouest; vers le nord, des nuages semblables à ceux qui flottent souvent au-dessus de la terre; au coucher du soleil l'imagination des marins transformait ces nuages en autant d'îles lointaines. C'était à qui découvrirait et annoncerait le premier la terre tant désirée, car celui-là devait recevoir des souverains une pension de trente couronnes. De temps en temps Colomb faisait des sondages, mais il ne trouvait pas de fond. Martin Alonso Pinzon, les autres officiers et beaucoup de matelots sollicitaient souvent Colomb de changer sa marche et de mettre le cap dans la direction indiquée par ces signes favorables; mais il persévérait à cingler vers l'ouest, assuré qu'en allant toujours tout droit il atteindrait la côte de l'Inde, sauf à chercher les îles à son retour, s'il les manquait au passage.

Malgré le soin qu'il avait mis à cacher la distance parcourue, ses gens commençaient à s'épouvanter de la longueur du voyage. Ils s'étaient enfoncés dans l'ouest beaucoup plus loin qu'aucun navigateur n'y avait pénétré jusqu'alors. Si loin déjà de tout secours humain, pourquoi s'entêter à accroître encore le danger en augmentant la distance? Les vents alizés commençaient à leur faire peur. Puisqu'ils soufflaient toujours de l'est à l'ouest, comment reviendrait-on en Espagne? Quelques brises de l'ouest calmaient, pour un temps, leurs appréhensions; de petits oiseaux, du genre de ceux qui vivent dans nos bosquets et nos vergers, arrivaient le matin en chantant et repartaient à la nuit. Leurs chansons réjouissaient le cœur des pauvres marins, qui les saluaient comme la voix de la terre.

Mais le lendemain il y avait un calme plat; la mer, aussi loin que la vue pouvait s'étendre, était couverte d'herbes et ressemblait à une prairie inondée. On attribuait ce phénomène à l'énorme quantité de plantes marines que les courants détachaient du fond de la mer. Alors les marins craignaient les récifs, les hauts fonds ou les bancs de sables. Colomb les rassurait en leur prouvant, la sonde à la main, qu'ils n'avaient rien à craindre.

Une autre fois la mer était unie comme un miroir, à peine effleurée par quelques souffles du sud et de l'ouest; les équipages ressentaient de nouveau la crainte qu'ils avaient déjà éprouvée, celle de ne pouvoir retourner en Espagne, puisque le vent d'est seul soufflait avec quelque continuité; et encore, comme il ne soufflait pas toujours, on risquait de mourir de faim au milieu d'une mer stagnante et sans rivages.

Avec une patience admirable, Colomb essayait d'avoir raison de ces absurdes fantaisies; mais il essayait en vain. Heureusement pour lui la mer se souleva et devint houleuse sans qu'on eût senti un souffle de vent. C'est un phénomène que l'on remarque souvent en plein océan, et qui est la suite d'une tempête lointaine ou d'un courant de vent très éloigné. Les matelots l'observèrent avec étonnement, et une fois encore la terreur que le calme de la mer leur avait causée s'évanouit.

Cependant de jour en jour la situation de Colomb devenait plus critique; l'impatience des hommes allait dégénérer en révolte. D'abord ils se réunissaient à deux ou trois dans quelques coins pour s'exaspérer en se racontant leurs griefs; puis les groupes de mécontents grossirent de jour en jour.

On en était venu à se dire que Colomb était fou d'ambition et qu'il lui importait peu de périr, pourvu qu'il fît parler de lui. C'était un étranger, sans amis et sans influence; son projet avait été condamné par les savants et par les gens sensés de toutes les conditions; personne ne le soutiendrait si on se révoltait contre lui; bien des gens au contraire seraient ravis de son échec. Quelques misérables proposèrent même de le jeter à la mer, sauf à prétendre qu'il y était tombé accidentellement; au moins on serait sûr de son silence.

Colomb savait tout, mais il affectait une contenance sereine et assurée, parlant doucement raison aux moins déraisonnables, faisant appel à l'orgueil des vaniteux et à l'avarice des avares, et menaçant, sans hésiter, les plus obstinés d'un châtiment sévère.

Le 25 septembre, Martin Alonso Pinzon s'écria : « Terre! terre! señor, je réclame la récompense. » On apercevait en effet quelque chose qui ressemblait à une terre dans la direction du sud-ouest. Colomb tomba à genoux pour remercier Dieu, et tout l'équipage se joignit à lui pour chanter le *Gloria in excelsis*. Mais hélas! on découvrit le lendemain matin que la terre n'était qu'un nuage du soir qui s'était évanoui pendant la nuit.

Les jours suivants se passèrent en alternatives d'espérance et de murmures. Cependant les signes du voisinage de la terre devinrent si nombreux, que les hommes passèrent du désespoir à une folle excitation; à chaque instant on entendait crier : Terre! Colomb finit par déclarer que quiconque crierait : Terre! sans que la terre fût découverte dans l'espace de trois jours, perdrait tout droit de concourir avec les autres pour la récompense promise.

Le 7 octobre, après une traversée de sept cent soixante lieues, on aperçut de grands vols de petits oiseaux terrestres dans le sud-ouest, ce qui semblait indiquer qu'il y avait dans cette direction une terre où ces petits oiseaux étaient sûrs de trouver à se poser et à se nourrir. Cédant aux sollicitations de Martin Alonso Pinzon et de ses deux frères, Colomb consentit à changer de direction et vers le soir mit le cap sur l'ouest-sud-ouest. Comme on avançait, les oiseaux vinrent chanter autour des vaisseaux; on vit flotter des herbes vertes et fraîches comme si on venait de les couper. Au bout de trois jours le soleil se leva sur une mer sans bornes : aucune terre n'était en vue. Cette fois les équipages se mutinèrent ouvertement et déclarèrent qu'ils n'iraient pas plus loin. Colomb voulut employer la douceur et la persuasion; mais comme ses efforts ne faisaient qu'accroître l'exaspération des marins, il changea de ton.

Il était inutile de murmurer; envoyé par les souverains pour découvrir les Indes, il persévèrerait, coûte que coûte, et il espérait bien, avec l'aide de Dieu, arriver à son but.

C'était un défi en règle; Colomb était perdu ou tout au moins son entreprise était manquée, si dès le lendemain on n'eût reconnu à des signes indubitables le voisinage de la terre. On aperçut un poisson qui se tient d'ordinaire auprès des rochers, une branche d'épine couverte de baies, un roseau, une planchette, et, ce qui était plus significatif, un bâton travaillé par la main de l'homme. Il ne fut plus question de révolte ni de murmures : tous tinrent leurs yeux fixés dans la direction où l'on espérait voir apparaître la terre.

Le soir, après le chant du *Salve Regina*, Colomb adressa une touchante allocution à ses hommes, leur montrant combien Dieu avait été bon de les conduire à travers un océan tranquille, en leur ménageant une brise douce et favorable jusqu'à la terre promise. Il espérait toucher terre la nuit même; il recommanda donc la plus stricte vigilance et promit, outre la récompense promise, un pourpoint de velours à celui qui découvrirait le premier la terre.

Quand la nuit fut venue, Colomb, toujours inquiet malgré la confiance qu'il montrait en public, se mit à sonder du regard l'obscur horizon. Tout à coup, sur les dix heures, il crut voir briller une lumière à quelque distance. Craignant de se tromper, il appela Pedro Gutierrez, gentilhomme de la chambre du roi, et lui demanda s'il apercevait une lumière dans la direction qu'il lui indiqua; Gutierrez répondit qu'il la voyait. Comme il doutait encore, Colomb appela Rodrigo Sanchez de Ségovie et lui fit la même question. Mais avant qu'il fût à portée de regarder, la lumière disparut. Cependant ils la revirent deux ou trois fois, un instant seulement : on aurait dit une torche dans la barque d'un pêcheur, tantôt s'élevant, tantôt s'abaissant au mouvement des vagues; ou bien encore une lumière tenue par une personne qui aurait marché sur le rivage. Cependant les lueurs étaient si passagères et si incertaines qu'on n'y attacha pas grande importance; mais Colomb les considéra comme un signe certain du voisinage de la terre et en conclut que cette terre était habitée.

A deux heures du matin, un coup de canon tiré de la *Pinta* annonça que la terre était en vue. Le premier qui l'avait aperçue était un marin nommé Rodriguez Bermejo. Mais plus tard la récompense promise fut adjugée à l'amiral, qui avait signalé la lumière la veille au soir. La terre était à deux heures; les vaisseaux mouillèrent à quelque distance, et l'on attendit avec impatience la première lueur du jour.

Pendant ce court intervalle les pensées et les sensations de Colomb durent être singulièrement tumultueuses et intenses : enfin, en dépit de toutes les difficultés et de tous les dangers, il avait rempli sa mission! Le grand mystère de l'océan était dévoilé; sa théorie, bafouée par les sages, était victorieusement établie, et la gloire qu'il avait acquise durerait aussi longtemps que le monde lui-même!

CHAPITRE XI

Colomb foule pour la première fois le sol du nouveau monde. — Croisière parmi les îles de Bahama. — Découverte de Cuba et d'Hispaniola.

(1492)

Aux premières lueurs du jour Colomb aperçut devant lui une belle île de plusieurs lieues d'étendue, sans accidents de terrain, couverte d'une fraîche verdure et de beaux arbres qui en faisaient comme un immense verger. De tous côtés les habitants sortaient des bois et se précipitaient vers le rivage. Ils étaient complètement nus, et d'après leurs gestes et leurs attitudes on devinait que la vue des vaisseaux les plongeait dans un profond étonnement. Colomb donna le signal de jeter l'ancre et d'armer les chaloupes. Il descendit dans la sienne vêtu d'un riche costume écarlate et portant à la main l'étendard royal. Martin Alonso Pinzon et Vicente Yañez son frère descendirent aussi dans leurs chaloupes avec la bannière de l'entreprise, qui portait une croix verte cantonnée d'un F (Fernando) et d'un Y (Yzabel) surmontés de couronnes.

En débarquant Colomb se jeta à genoux, baisa la terre et rendit grâces à Dieu avec des larmes de joie. Ses compagnons suivirent son exemple. Lorsque Colomb se fut relevé, il tira son épée, déploya l'étendard royal, et au nom de ses souverains prit possession de l'île, à laquelle il donna le nom de San-Salvador. Ensuite il reçut le serment d'obéissance de

COLOMB PREND POSSESSION DU NOUVEAU MONDE.

tous les assistants, en sa qualité d'amiral, de vice-roi et de représentant des souverains d'Espagne.

Alors ses compagnons se livrèrent aux transports les plus extravagants. Les uns l'embrassaient, les autres lui baisaient les mains. Ceux qui avaient été les plus turbulents et les plus mutins pendant le voyage étaient maintenant les plus dévoués et les plus enthousiastes.

Les naturels du pays, au lever du jour, en apercevant les navires, avaient cru que c'étaient des monstres sortis des profondeurs de l'abîme pendant la nuit. Quand les chaloupes approchèrent du rivage, chargées d'êtres étranges, couverts d'armures d'acier étincelant et de vêtements de différentes couleurs, ils s'enfuirent dans les bois. Quand ils reconnurent qu'on ne leur voulait faire aucun mal, ils revinrent sur leurs pas et, s'approchant des Espagnols avec une sorte de vénération, se prosternèrent et firent des signes d'adoration. L'amiral surtout attira leur attention par sa haute taille, son air d'autorité, son vêtement écarlate et le respect que lui témoignaient tous ses compagnons. Lorsqu'ils se furent un peu familiarisés avec les Espagnols, ils osèrent toucher leurs barbes, leurs mains et leurs visages dont la blancheur les étonnait. Colomb, voyant combien ils étaient doux, simples et confiants, se laissa examiner de très bonne grâce. Les sauvages émerveillés furent séduits par sa bonté ; au lieu de voir dans les vaisseaux des monstres vomis par l'océan, ils crurent qu'ils étaient sortis du firmament de cristal qui bornait leur horizon, ou bien encore qu'ils étaient descendus d'en haut, sur leurs larges ailes, et que c'étaient des habitants des cieux.

Les naturels, de leur côté, étaient un objet d'étonnement pour les Espagnols, tant ils différaient des races d'hommes connues jusque-là. Ils étaient entièrement nus, et les couleurs dont ils se peignaient, les dessins qu'ils traçaient sur leur peau donnaient à leur apparence quelque chose de fantastique. Ils avaient la peau cuivrée et étaient absolument dépourvus de barbe. Leurs cheveux étaient plats et raides, ils les coupaient au-dessus des oreilles et laissaient croître par derrière quelques mèches qui leur pendaient sur les épaules. Leurs traits étaient agréables, malgré le barbouillage qui les défigurait; ils avaient le front haut et les yeux remarquablement beaux. Ils étaient de taille moyenne et bien faits; la plupart d'entre eux n'avaient pas trente ans. Ces sauvages paraissaient simples et naïfs et montraient des dispositions amicales. Ils n'avaient pour armes que des lances dont le bout était durci au feu ou dont la pointe était formée d'un silex ou d'une arête de poisson; ils ignoraient l'usage du fer, car quand on leur montra une épée, ils la prirent tout naïvement par la lame. Colomb leur distribua des toques de couleur, de la verroterie, des grelots et autres bagatelles qu'ils considéraient comme des présents inestimables.

Supposant qu'il avait abordé à une île de l'extrémité de l'Inde, Colomb en désigna les habitants sous le nom d'Indiens. Cette appellation erronée prévalut et s'étendit à tous les aborigènes du nouveau monde.

L'île où Colomb avait ainsi touché le sol du nouveau monde pour la première fois était une des Lucayes ou îles de Bahama; les naturels l'appelaient Guanahani; elle a conservé le nom de San-Salvador que lui donna Colomb; les Anglais l'appellent l'île du Chat (Cat Island).

Dès le lendemain matin un grand nombre de sauvages se rendirent au mouillage des vaisseaux, les uns à la nage, les autres sur des barques légères qu'ils appelaient canots. Ces barques étaient creusées dans des troncs d'arbres et pouvaient porter depuis un homme jusqu'à quarante ou cinquante. Les Espagnols s'aperçurent bientôt que les insulaires n'avaient rien à leur offrir en échange de leurs colifichets, sauf des balles de coton filé et des perroquets apprivoisés. Ils apportaient aussi des gâteaux de farine de cassave;

cette farine, qui se tire des racines du yucca, faisait leur principale nourriture.

Cependant l'avarice des Espagnols fut excitée à la vue de quelques petits ornements d'or que certains sauvages portaient au nez. Quand on leur demanda d'où ils tiraient cet or, ils répondirent par signes en montrant le sud. Colomb crut comprendre à leurs signes qu'ils parlaient d'un roi qui résidait de ce côté-là et qui était riche au point de se faire servir dans de la vaisselle d'or, interprétant ainsi leurs communications imparfaites dans le sens de ses idées et de ses vœux les plus chers. Ils semblaient parler aussi d'une nation guerrière qui, venant du nord-ouest, faisait dans leurs îles de fréquentes invasions et emmenait les habitants. Colomb pensa tout de suite que c'étaient des gens du continent asiatique, sujets du grand Khan et habitués, selon Marco Polo, à faire la guerre aux populations des îles et à les réduire en esclavage. Quant à la riche contrée du sud, c'était évidemment l'île de Cipango.

Après avoir exploré l'île de Guanahani et renouvelé sa provision de bois et d'eau, Colomb se mit en quête de la riche contrée du sud. Il emmenait avec lui sept sauvages pour leur apprendre l'espagnol et en faire des interprètes et des guides.

Il releva au passage un certain nombre d'îles qui présentaient les mêmes caractères que San-Salvador. Les Indiens lui firent comprendre par signes que ces îles étaient innombrables. Colomb pensa que c'était l'archipel décrit par Marco Polo comme une sorte de bordure de la côte d'Asie, et où abondaient les épices et les arbres odoriférants. Il visita trois de ces îles et leur donna les noms de Santa-Maria de la Concep-tion, de Fernandina et d'Isabella. Partout les habitants se montrèrent aussi simples, aussi doux et aussi hospitaliers que ceux de Guanahani.

Colomb était émerveillé de la beauté du pays, mais il ne

trouvait ni or, ni épices. Les naturels continuaient à désigner le sud comme le pays de la richesse, et commencèrent à parler d'une île nommée Cuba où, à ce que purent comprendre les Espagnols, on trouvait de l'or, des perles et des épices en quantité. Ce pays faisait un commerce actif, et il y venait de grands vaisseaux. Colomb se figura aussitôt qu'il s'agissait de Cipango et que les navires de commerce dont on lui parlait étaient ceux du grand Khan.

Le 28 octobre, arrivé en vue de Cuba, il fut frappé de la grandeur des montagnes, de l'étendue des vallées fertiles et des plaines qui s'étendaient à perte de vue, couvertes de hautes forêts et arrosées par des rivières importantes. Il jeta l'ancre dans une belle rivière, et, en prenant officiellement possession de l'île, l'appela Juana en l'honneur du prince Juan; il donna à la rivière le nom de San-Salvador.

En côtoyant l'île, il mettait parfois pied à terre et visitait des villages dont les habitants se sauvaient aussitôt dans les bois et dans les montagnes. Les habitations, faites de branches de palmiers, ressemblaient à des tentes, et l'ensemble des maisons dispersées au hasard donnait l'idée d'un camp. Elles étaient beaucoup mieux bâties et beaucoup plus propres que celles qu'il avait vues jusque-là. Il y trouva des images grossières et des masques de bois. Rencontrant dans chaque cabane des instruments de pêche, il en conclut que les côtes étaient habitées uniquement par des pêcheurs chargés de pourvoir aux besoins des cités de l'intérieur.

Après avoir côtoyé la partie nord-ouest de Cuba, il arriva en vue d'un grand cap, qu'il nomma cap des Palmiers. Il apprit que derrière ce grand cap il y avait une rivière, et que Cubanacan se trouvait à quatre journées de marche. Le mot Cubanacan désignait tout simplement une province située au centre de Cuba, *nacan*, dans la langue du pays, signifiant le milieu. Mais il se figura qu'on lui parlait de Kublay Khan, le souverain tartare, et que Cuba n'était pas une île. Il en conclut que c'était une partie du continent asiatique, et qu'il était tout près de Mangi et du Cathay, c'est-à-dire du but de son voyage. Le prince qui régnait, dit-on, dans le voisinage devait être quelque souverain oriental; il résolut donc de lui envoyer une ambassade avec des présents et une des lettres de ses souverains.

A douze lieues dans l'intérieur les ambassadeurs trouvèrent un village de cinquante maisons et d'un millier d'habitants. On les reçut fort bien, on leur baisa les mains et les pieds en signe d'adoration; mais on leur apprit en même temps que s'ils voulaient de l'or et des épices, ils devraient en aller chercher bien loin dans le sud-ouest.

N'ayant trouvé ni grande ville, ni potentat oriental, les ambassadeurs revinrent à leurs navires. Chemin faisant, ils virent une chose qui les surprit beaucoup, quoiqu'ils fussent préparés à bien des surprises. Les gens du pays se mettaient dans la bouche une feuille sèche roulée, allumaient l'extrémité du rouleau avec un charbon et ensuite aspiraient et rejetaient la fumée. Ce rouleau s'appelait *tobacco*, et ce nom est devenu depuis celui de l'herbe même : *tobacco*, dont nous avons fait *tabac*.

Colomb fut fort désappointé; mais dans sa riche et ardente imagination une illusion détruite était aussitôt remplacée par une autre illusion. Comme les mots Babèque et Bohio revenaient souvent dans la bouche de ses interlocuteurs à propos d'un pays situé à l'est, et où l'on recueillait de l'or à la clarté des torches, le long de la rivière, il supposa que ces deux mots désignaient des îles ou des provinces. Les nuits devenant très fraîches, ce qui annonçait l'approche de l'hiver, il résolut de ne pas pousser plus loin vers le nord, et se dirigea vers l'est en quête de Babèque.

Mais au bout de quelques jours les vents contraires le forcèrent de rentrer à Cuba. La *Pinta*, commandée par Martin

Alonso Pinzon, s'était séparée des autres navires, et malgré les signaux de Colomb avait continué sa route.

Colomb conçut un vif chagrin de ce qu'il considérait comme une désertion préméditée. Martin Alonso Pinzon, habitué à commander, avait souvent montré qu'il obéissait avec impatience; il y avait eu plusieurs discussions très vives entre le chef de l'expédition et lui. Colomb le soupçonna de vouloir faire une expédition pour son propre compte, ou même de songer à retourner en Espagne pour revendiquer le mérite de la découverte.

Pendant plusieurs jours il continua d'explorer les côtes de Cuba; arrivé à l'extrémité orientale et toujours persuadé que c'était le point extrême de l'Asie, il l'appela Alpha et Oméga, c'est-à-dire le commencement et la fin. Après avoir doublé le cap, il se trouvait au large, ne sachant trop où aller, lorsqu'il aperçut dans le sud-est de hautes montagnes qui devaient faire partie d'une île importante. Il se dirigea de ce côté, au grand effroi des guides indiens, qui faisaient entendre par signes que les habitants du pays n'avaient qu'un œil et que c'étaient des cannibales féroces et cruels.

Cette île de prétendus cannibales était Haïti, la plus belle et la plus pittoresque que Colomb eût encore rencontrée, et en même temps la mieux cultivée et la plus peuplée, comme on en pouvait juger par l'apparence des champs, par les feux nombreux que l'on apercevait la nuit et les colonnes de fumée que l'on voyait pendant le jour. C'est ainsi que, dans toute la splendeur de sa végétation tropicale, se dressa là, aux yeux des navigateurs, Haïti, la plus belle des îles du monde, condamnée à en devenir la plus malheureuse.

CHAPITRE XII

Hispaniola. — Naufrage et autres aventures.

(1492)

Le 6 décembre au soir Colomb pénétra dans une baie, à l'extrémité occidentale de l'île; il donna à cette baie le nom de Saint-Nicolas, qu'elle porte encore. N'ayant pu entrer en relations avec les habitants, qui s'étaient tous enfuis, il longea la côte septentrionale de l'île et gagna une autre baie qu'il appela Conception. Les matelots y pêchèrent plusieurs espèces de poissons semblables à ceux de leur pays; ils entendirent chanter pendant la nuit un oiseau qu'ils prirent pour un rossignol; et comme les traits généraux du pays leur rappelaient le caractère de quelques-unes des plus belles provinces d'Espagne, Colomb donna à l'île le nom d'Española (petite Espagne), que l'on écrit communément Hispaniola.

Après plusieurs tentatives infructueuses pour entrer en communication avec les naturels, trois matelots capturèrent une jeune femme. On lui rendit la liberté après l'avoir traitée avec les plus grands égards et lui avoir donné une jolie parure et différents colifichets. Comptant bien que la jeune femme aurait rassuré les siens sur le caractère et les intentions des étrangers, Colomb, le lendemain, envoya neuf hommes bien armés pour chercher le village de cette jeune femme. Un naturel de Cuba les accompagnait en qualité d'interprète. Le village, situé dans une vallée agréable, au bord d'une belle rivière, se composait d'un millier de huttes. Les habitants commencèrent par fuir; mais l'interprète les ayant rassurés, ils revinrent au nombre d'environ deux mille et s'approchèrent des Espagnols en tremblant, et avec tous les signes du respect et de la soumission.

La jeune femme parut à son tour, portée en triomphe par ses compatriotes et précédée de son mari, qui témoigna toute sa gratitude pour les bons traitements qu'elle avait reçus des étrangers. Complètement rassurés, les naturels emmenèrent les Espagnols dans leurs demeures et les traitèrent de leur mieux, leur offrant du pain de cassave, des poissons, des racines et des fruits de différentes espèces.

Les Espagnols s'en retournèrent, émerveillés de la beauté du pays, supérieure selon eux à celle même de la vallée de Cordoue. Ils ne se plaignaient que d'une chose, c'est de n'avoir vu nulle part la moindre trace d'or.

Plus loin, en continuant de longer la côte, on trouva des sauvages qui avaient quelques ornements d'or; ils les échangèrent avec empressement contre des objets de pacotille. Dans une des baies où il était retenu par les vents contraires, Colomb reçut la visite d'un jeune cacique qui avait l'air d'un personnage important, car il était porté en litière par quatre hommes et escorté de deux cents gardes. Il entra dans la cabine de Colomb pendant qu'il dînait, et s'assit à côté de lui avec un air d'aisance et de franchise. Deux vieillards, qui étaient ses conseillers, s'assirent à ses pieds, les regards fixés sur ses lèvres. Quand on lui offrait quelque chose à manger, il se contentait d'y goûter et le donnait aux gens de sa suite, conservant tout le temps un air de gravité et de dignité. Après le dîner il offrit à l'amiral un ceinturon curieusement travaillé et deux morceaux d'or. Colomb lui fit en retour différents cadeaux et, lui montrant une pièce de monnaie frappée à l'effigie de Ferdinand et d'Isabelle, s'efforça de lui donner une idée de la puissance et de la grandeur de ces deux souverains. On ne put jamais faire entendre au cacique qu'il y eût au monde un pays capable de produire des hommes et des choses aussi extraordinaires. Il s'obstina à croire que les Espagnols étaient plus que des hommes et que les souverains dont on lui parlait ne pouvaient exister que dans les cieux.

Le 28 décembre Colomb mouilla dans une belle baie qu'il appela baie de Saint-Thomas. Un canot accosta les vaisseaux, amenant des messagers d'un puissant cacique nommé Guacanagari. Il habitait sur la côte un peu plus à l'est et régnait sur toute cette partie de l'île. Ces messagers apportaient en présent un ceinturon curieusement travaillé avec des perles de couleur et des os, et un masque de bois dont les yeux, le nez et la langue étaient en or. Ils invitèrent Colomb à venir mouiller en face du village où le cacique faisait sa résidence. Des vents contraires l'empêchèrent de se rendre immédiatement à cette invitation; mais il envoya un canot bien armé, avec le notaire de l'escadre, pour rendre visite au chef. Le notaire fit à son retour un rapport si favorable sur l'apparence du village et l'hospitalité du cacique, que Colomb se décida à l'aller voir aussitôt que le vent le permettrait.

Il leva l'ancre le 28 décembre et arriva de nuit à une lieue et demie environ de la demeure du cacique. Comme le temps était beau et la mer parfaitement calme, l'amiral, qui n'avait pas dormi de toute la nuit précédente, crut pouvoir sans inconvénient prendre quelques instants de repos. A peine eût-il quitté le pont que le timonier, malgré les ordres les plus formels et les plus sévères, confia la barre du gouvernail à un mousse et s'en alla dormir. Les autres marins qui étaient de quart suivirent son exemple. Cependant des courants perfides entraînèrent le vaisseau sur un banc de sable. Le mousse cria au secours; Colomb accourut, suivi du maître d'équipage et des autres coupables, et se mit à donner des ordres. Au lieu de les exécuter, les marins, pris de panique, sautèrent dans la chaloupe, et ramèrent vers l'autre caravelle. Vicente Yãnez, qui la commandait, leur reprocha leur pusillanimité et refusa de les recevoir. Armant aussitôt sa chaloupe, il se précipita au secours de l'amiral.

Le navire de l'amiral s'engravait de plus en plus; on coupa le mât pour l'alléger, mais en vain; il commença à faire eau et se coucha sur le côté. Par bonheur le temps était beau, sans cela l'équipage aurait péri avec le navire. L'amiral abandonna l'épave, en compagnie de ses hommes, et se réfugia à bord de l'autre caravelle. Quand il fit jour, il envoya des messagers au cacique pour le prévenir du malheur qui lui était arrivé.

Le cacique en fut touché jusqu'aux larmes, et ce sauvage sans culture montra une délicatesse de sentiments et une bonté qui auraient fait honneur aux hommes les plus civilisés et les plus hospitaliers. Il assembla ses sujets, envoya tous ses canots au secours de l'amiral, l'assurant que tout ce qu'il possédait était à son service. On retira du navire échoué ce que l'on put en retirer et on le déposa près de la demeure du cacique, sous bonne garde, en attendant que l'on eût préparé des maisons pour tout recevoir. Loin de se prévaloir du malheur des étrangers pour s'approprier quelques-uns de ces objets qui devaient leur paraître si précieux, les naturels montrèrent le soin le plus scrupuleux et la plus parfaite probité. Ils s'affligèrent du désastre arrivé aux Espagnols comme s'ils en avaient été eux-mêmes les victimes et employèrent tous leurs soins à leur venir en aide et à les consoler. « Ces gens, dit Colomb dans son journal destiné à passer sous les yeux de ses souverains, aiment leur prochain comme eux-mêmes; leur langage est agréable et doux et accompagné d'un sourire. Je le jure à Vos Majestés, il n'y a pas au monde une meilleure nation ni un meilleur pays. »

Pour distraire Colomb de son chagrin, le cacique lui donna un grand banquet suivi des jeux et des danses du pays. Colomb, à son tour, voulut lui donner une idée formidable de la puissance militaire des Espagnols. Un Castillan qui avait servi dans les guerres de Grenade prit un arc moresque et montra une telle habileté que le cacique en fut émerveillé. Ensuite il fit décharger une arquebuse et un canon ; tous les Indiens tombèrent par terre, comme foudroyés. Quand ils virent l'effet du boulet sur les troncs d'arbres, ils furent saisis d'effroi. Mais cet effroi se changea en une triomphante allégresse quand on leur dit que les Espagnols les protègeraient contre leurs redoutables ennemis, les Caraïbes. La cacique plaça une espèce de couronne d'or sur la tête de Colomb et lui suspendit des plaques d'or au cou. Ensuite il distribua de riches présents à tous les autres Espagnols. Les bagatelles que Colomb donna en échange furent reçues avec un profond respect comme des dons célestes ; selon les Indiens, ces dons venaient de *Turey*, c'est-à-dire du ciel.

Voyant quel cas Colomb faisait de l'or, Guacanagari lui fit comprendre par signes qu'il y avait, pas très loin de là, dans les montagnes, un endroit où l'or était si abondant qu'on n'y attachait aucun prix, et il lui promit de lui en procurer autant qu'il en voudrait. Cet endroit s'appelait Cibao ; le cacique de ce district possédait un grand nombre de mines très riches et avait des bannières tissées d'or. Colomb s'imagina que Cibao devait être une corruption de Cipango, et qu'il s'agissait de l'île mentionnée par Marco Polo.

En vivant très familièrement avec les naturels, les Espagnols furent séduits par un genre de vie si facile et si doux. Ils étaient en effet gouvernés par leurs caciques, qui exerçaient un pouvoir absolu, mais en même temps débonnaire et patriarcal ; ils vivaient dans cet état de nature que quelques philosophes se sont plu à représenter comme l'état le plus enviable sur cette terre. Ils avaient l'air de ne s'inquiéter de rien ; quelques champs cultivés presque sans travail leur fournissaient des racines et des légumes, les arbres de leurs bosquets étaient chargés de fruits délicieux, la mer et les rivières abondaient en poissons. Amollis par la douceur du climat, ils passaient dans un repos indolent la plus grande partie du jour, et le soir ils dansaient dans leurs bosquets parfumés, au son de leurs chants nationaux et de leurs tambours primitifs.

Comparant ce genre de vie à celui qu'ils avaient mené jusque-là et à celui qui les attendait au retour en Espagne, un grand nombre d'hommes demandèrent à Colomb l'autorisation de se fixer dans le pays. Cette demande lui suggéra aussitôt l'idée d'employer ces hommes à former le noyau d'une future colonie. La caravelle échouée fournirait de quoi construire et armer un fort; les hommes qui resteraient exploreraient l'île, apprendraient la langue du pays et ramasseraient de l'or pendant que l'amiral retournerait en Espagne pour aller chercher du renfort. Guacanagari fut au comble de la joie en apprenant que quelques-uns de ces merveilleux étrangers resteraient pour défendre l'île et que l'amiral comptait y faire une seconde visite. Il accorda l'autorisation de construire le fort, et ses sujets y travaillèrent avec ardeur, ne se doutant guère qu'ils travaillaient à placer sur leur cou le joug douloureux d'une dure et perpétuelle servitude.

Sur ces entrefaites quelques Indiens avisèrent Colomb qu'on avait vu un autre navire à l'ancre à l'est de l'île. Il conclut naturellement que c'était la *Pinta;* il dépêcha un canot à sa recherche et écrivit à Pinzon de le rejoindre immédiatement. Le canot, après avoir cotoyé l'île pendant trente lieues, revint sans aucune nouvelle de la *Pinta*, ce qui causa à l'amiral un vif désappointement. Si la *Pinta* ne se retrouvait pas, tout le succès de l'expédition dépendait du retour de son unique caravelle. Or, elle était si peu en état de traverser l'immense étendue de l'océan, que le moindre accident pouvait la faire sombrer dans l'abîme, et avec elle tout souvenir de la découverte. Aussi Colomb n'osa-t-il continuer ses explorations et se résolut-il à retourner immédiatement en Espagne.

Le fort fut achevé en dix jours; comme l'amiral avait été sauvé du naufrage le jour de Noël, il donna au fort et à la baie le nom de la Navidad (la Nativité). Parmi tous ceux qui s'offraient pour rester, il choisit les trente-neuf hommes qui lui semblaient offrir le plus de garanties et les plaça sous les ordres de Diego de Arana. S'il venait à mourir, Pedro Gutierrez le remplacerait, et si Gutierrez disparaissait, Rodrigo de Escobedo serait son successeur. Il recommanda instamment aux hommes d'obéir à leur commandant, d'être respectueux envers Guacanagari et ses chefs, circonspects et bienveillants dans leurs rapports avec la population, de ne point se diviser, attendu que leur sûreté dépendait de leur union, et de ne point s'égarer en dehors du territoire de Guacanagari. Arana et les autres chefs eurent pour mission de reconnaître l'île, d'amasser de l'or et des épices et de chercher un mouillage plus sûr.

Lorsque Colomb prit congé de Guacanagari, ce dernier versa des larmes abondantes, car l'amiral avait su lui inspirer autant de sympathie que de respect.

CHAPITRE XIII

Retour. — Violentes tempêtes. — Arrivée en Portugal.

(1493).

Parti le 4 janvier pour l'Espagne, Colomb retrouva le 6 la *Pinta*, dont il était séparé depuis si longtemps. Pinzon s'excusa de son mieux et se rejeta sur les vents contraires, qui l'avaient séparé des autres navires bien contre son gré. Colomb fit semblant de le croire, pour éviter toute altercation qui aurait pu troubler le reste du voyage. Mais il apprit depuis que la désertion de Pinzon avait été volontaire, qu'il s'était fait conduire à Hispaniola, qu'il était resté au mouillage pendant quelque temps dans une rivière située à quinze lieues de la Navidad; qu'il y avait trafiqué avec les indigènes et qu'il y avait amassé une grande quantité d'or. Il avait gardé une moitié de cet or en sa qualité de capitaine, et avait partagé le reste entre ses hommes pour en faire ses complices et acheter ainsi leur silence. En quittant le pays, il avait emmené deux hommes et deux jeunes filles pour les vendre en Espagne.

Colomb fit voile vers la rivière où Pinzon avait mouillé, et à laquelle il donna le nom de Rio de Gracia; mais elle fut longtemps connue sous le nom de rivière de Martin Alonzo. Là il fit mettre en liberté les deux hommes et les deux jeunes filles, après les avoir comblés de prévenances et de présents. Il tenait, avant de partir, à détruire le mauvais effet produit dans le pays par l'enlèvement de ces malheureux. Pinzon, avant de consentir à cette restitution, résista longtemps, et il y eut une vive altercation entre l'amiral et lui.

Après avoir côtoyé l'île pendant quelque temps, ils jetèrent l'ancre dans une vaste baie, ou plutôt dans un golfe qui pénétrait si avant dans les terres que Colomb le prit d'abord pour un bras de mer. Il y reçut la visite d'un certain nombre des naturels des montagnes de Ciguay. C'était une race brave et belliqueuse, bien différente des populations douces et pacifiques qu'il avait jusque-là rencontrées dans l'île. Ils avaient l'aspect farouche, se barbouillaient de peintures hideuses et portaient des plumes sur la tête. Ils étaient armés d'arcs et de flèches, de massues de combat et d'épées en bois de palmier assez dures et assez lourdes pour fendre d'un seul coup un casque et le crâne qu'il recouvrait. A première vue Colomb les prit pour ces terribles Caraïbes dont on lui avait tant parlé; mais quand il parla des Caraïbes, les Indiens étendirent encore la main vers l'est.

Les Espagnols eurent une escarmouche avec eux et en tuèrent plusieurs. Pour cette raison Colomb appela ce golfe le golfe des Flèches ; on l'appelle aujourd'hui golfe de Samana. Il craignait que cette rencontre n'eût une fâcheuse influence sur les relations des Espagnols avec les habitants du pays. Mais dès le lendemain les ennemis de la veille vinrent le trouver avec autant de confiance que si rien ne fût arrivé. Le cacique, nommé Mayonabex, monta à bord escorté seulement de trois hommes, et ne montra ni crainte ni intentions hostiles. Cette franchise d'allures, signe manifeste d'un naturel brave et généreux, plut beaucoup à Colomb, qui traita le cacique et ses gardes du corps avec la plus grande distinction et les combla de présents.

L'impatience de ses hommes empêcha l'amiral de visiter les îles des Caraïbes, comme il en avait eu d'abord l'intention, ainsi que l'île de Mantinino, que l'on disait habitée par des amazones.

Les vents alizés, qui avaient été d'un si grand secours aux Espagnols pour venir d'Europe, présentèrent un sérieux obstacle pour le retour. Néanmoins, le 12 février, les deux navires approchaient du but de leur voyage, lorsqu'ils furent surpris par une violente tempête. Ils durent courir devant le vent, toutes voiles carguées, en grand danger d'être engloutis. Après une accalmie, la tempête reprit avec plus de violence; la *Pinta* fut encore une fois séparée du vaisseau amiral.

Pendant toute une journée d'angoisse, le vaisseau de Colomb flotta au gré de la tempête. Voyant que toute science humaine était en défaut, il essaya de se rendre le ciel favorable par des vœux solennels. Il songea à des pèlerinages et à des pénitences. On tira au sort pour savoir qui ferait ces pèlerinages et accomplirait ces pénitences : le sort tomba le plus souvent sur lui. Entre autres obligations, il devait assister à une messe et passer toute une nuit en prières dans la chapelle du couvent de Santa-Clara à Moguer. Les marins firent différents vœux, chacun pour son propre compte. L'amiral et tout l'équipage s'engagèrent, s'ils réussissaient à gagner la terre, à aller nu-pieds, en chemise, offrir leurs actions de grâces dans une église dédiée à la Vierge.

Cependant le ciel semblait sourd à leurs vœux et l'orage redoublait de violence. Colomb, accablé de reproches et de malédictions par son équipage, avait en outre le cœur dévoré d'angoisse à l'idée que ses deux fils resteraient sans appui. Il avait encore un autre motif de douleur, pire que la mort elle-même : il était très probable que la *Pinta* avait sombré pendant la tempête; dans ce cas, l'histoire de sa découverte courait grand risque de périr au premier moment, avec la frêle caravelle qui le portait. Alors, pour l'univers, son nom serait celui d'un fou, d'un aventurier, qui avait péri à la poursuite d'une chimère.

Au milieu de ces sinistres pensées, il songea à un expédient pour sauver l'honneur de son nom et assurer ainsi l'avenir de ses enfants. Il écrivit sur parchemin un récit détaillé, enveloppa le parchemin d'une toile cirée, plaça la toile cirée dans un gâteau de cire et le gâteau de cire dans un tonneau qu'il fit jeter à la mer. Un second tonneau fut placé sur la poupe de la caravelle. En cas de naufrage, le tonneau flotterait et survivrait. Les deux parchemins étaient scellés et adressés aux souverains d'Espagne. Sur l'enveloppe même Colomb avait promis une récompense de mille ducats à quiconque les leur remettrait sans les avoir ouverts.

Heureusement ces sages précautions furent inutiles; la tempête s'apaisa, et le 15 février on aperçut la terre. Mais pendant deux ou trois jours il fut impossible d'aborder. Enfin on jeta l'ancre devant l'île de Sainte-Marie, qui était aux Portugais. Colomb fit débarquer une moitié de l'équipage pour accomplir le pèlerinage à un ermitage ou chapelle de la Vierge qui se dressait dans un endroit solitaire de la côte; il devait accomplir la même cérémonie avec la seconde moitié de ses hommes aussitôt que les autres seraient de retour. A peine les pèlerins eurent-ils commencé leurs prières et leurs actions de grâces, qu'un parti de gens à pied et à cheval, le gouverneur en tête, les enveloppa et les fit prisonniers. Cette violation du droit des gens n'avait d'autre objet que de saisir la personne de Colomb. Le roi de Portugal, craignant que son entreprise ne fît du tort à ses propres découvertes, avait envoyé ordre aux gouverneurs des îles et des ports de s'assurer de sa personne.

Voyant qu'il avait échoué pour cette fois, le gouverneur essaya de prendre Colomb par ruse, mais il n'y réussit pas davantage. Au bout de deux ou trois jours il relâcha les marins qui avaient été arrêtés dans la chapelle. Comme le vent était redevenu favorable, Colomb repartit le 24 février; mais le 2 mars un grain déchira toutes les voiles, et la caravelle se trouva menacée d'une destruction imminente. Encore une fois l'équipage fut réduit au désespoir et renouvela ses vœux de jeûnes et de pèlerinages. La tempête fit rage toute la journée suivante. A différents signes on reconnut que la terre était proche et l'on supposa que ce devait être la côte du Portugal. La nuit suivante, la violence de la mer fut épouvantable; la pluie tombait à torrents, le ciel était sillonné d'éclairs et retentissait du fracas du tonnerre.

Pendant le premier quart de cette nuit affreuse, la vigie cria : Terre! Ce cri redoubla les alarmes, car le navire pouvait être jeté à la côte et se briser sur les rochers. On serra les voiles pour se tenir autant que possible à distance de la côte. Le 4 mars, au point du jour, Colomb reconnut qu'il était en face des rochers de Cintra, à l'embouchure du Tage. Quoiqu'il eût de bonnes raisons de ne pas compter sur l'amitié du roi de Portugal, il n'avait pas d'autre alternative que de se mettre à l'abri. Sur les trois heures il jeta l'ancre dans la rivière, en face de Rastello.

CHAPITRE XIV

Visite de Colomb à la cour de Portugal. — Arrivée à Palos.

A peine entré dans le Tage, Colomb dépêcha un courrier aux souverains d'Espagne pour leur faire part de ses découvertes. Il écrivit aussi au roi de Portugal pour lui demander l'autorisation d'aller à Lisbonne avec sa caravelle : le bruit s'était répandu que le navire était chargé d'or, et l'amiral ne se croyait pas en sûreté si près de Rastello, habité par une population pauvre et d'un caractère aventureux. En même temps il lui faisait connaître la route qu'il avait suivie, afin que le roi ne pût le soupçonner d'être allé sur les brisées des Portugais.

Cependant on accourait de tous côtés pour voir les naturels et les productions des pays récemment découverts. Parmi les visiteurs il y eut plusieurs officiers de la couronne et des cavaliers de haut rang. Beaucoup d'entre eux déploraient l'incrédulité du roi et de ses conseillers, qui avait privé à tout jamais le Portugal des avantages d'une si grande découverte.

Le 8 mars, Colomb reçut un message du roi Jean. Le roi le félicitait de son arrivée et l'invitait à venir le voir à Valparaiso, à neuf lieues environ de Lisbonne; en même temps il donnait des ordres pour que l'on fournît gratuitement à l'amiral tout ce dont il pourrait avoir besoin pour lui et pour son vaisseau.

Colomb se rendit à contre-cœur à l'invitation du roi; mais

la réception qu'on lui fit fut telle qu'on pouvait l'attendre d'un prince éclairé et libéral. Le roi le fit asseoir en sa présence, honneur exclusivement réservé aux personnes de dignité royale, et l'assura que tout ce qu'il possédait était au service de ses souverains et au sien. Il s'entretint plusieurs fois avec lui de ses découvertes ; en apparence il prenait grand plaisir à ces entretiens, mais il ne pouvait s'empêcher d'éprouver des regrets.

Quelques-uns de ses conseillers lui suggérèrent l'idée de faire des armements considérables, de mettre à la tête de l'expédition deux Portugais qui avaient fait partie de celle de Colomb, de prendre possession des pays récemment découverts et de trancher la question de droit, avec l'Espagne, par un appel aux armes. Ce conseil où le courage se mêlait à la ruse, ne déplut pas au roi, et il résolut de le mettre promptement à exécution.

Colomb repartit avec une escorte d'honneur, et chemin faisant s'arrêta à Villa-Franca pour rendre visite à la reine. Il mit à la voile le 15 mars et arriva le 25 à Palos. Son expédition, la plus hasardeuse et la plus importante de toutes les entreprises maritimes, avait duré à peine sept mois et demi.

Son retour triomphal fut un évènement prodigieux pour la petite ville de Palos, où tout le monde était plus ou moins intéressé au succès de son entreprise. On accueillit les hardis aventuriers qui venaient de découvrir un monde, au son des cloches, au milieu des transports d'une joie universelle ; les boutiques furent fermées et les affaires interrompues. En débarquant, Colomb et les siens se rendirent processionnellement à l'église de Saint-Georges, pour remercier Dieu de les avoir ramenés au port. Sur le passage de l'amiral, l'air retentissait d'acclamations.

Apprenant que la cour était à Barcelone, il eut d'abord l'idée de s'y rendre sur sa caravelle; mais, en songeant aux dangers et aux désastres de son récent voyage, il se ravisa et dépêcha un courrier aux souverains pour leur annoncer son arrivée. Leur réponse fut telle que son cœur pouvait le souhaiter. Les souverains étaient émerveillés d'avoir acquis en si peu de temps un nouvel empire dont l'étendue et la richesse paraissaient sans bornes. Ils le saluaient des titres d'amiral et de vice-roi, lui promettaient de plus hautes récompenses et le pressaient de venir à la cour pour concerter avec eux les plans d'une expédition plus considérable que la première.

Par une singulière coïncidence, Martin Alonso Pinzon arriva à Palos le soir même du jour où Colomb y avait fait son entrée triomphale. La tempête l'avait entraîné dans la baie de Biscaye et il avait relâché à Bayonne. Persuadé que Colomb avait péri, il avait écrit aux souverains pour leur rendre compte de la découverte et avait sollicité la permission de venir à la cour pour leur en raconter tous les détails. Quand il vit la caravelle de l'amiral et qu'il apprit avec quels transports on l'avait accueilli, il fut consterné. On prétend qu'il n'osa pas affronter la présence de Colomb, craignant d'être arrêté pour sa désertion sur la côte de Cuba. Cette raison paraît peu acceptable quand on connaît le caractère énergique et audacieux de Pinzon; il est plus probable qu'il céda aux reproches de sa conscience. Quoi qu'il en soit, il débarqua secrètement et se renferma chez lui pour y attendre la réponse des souverains. Cette réponse mit le comble à son humiliation; les souverains lui défendaient absolument de paraître à la cour et lui reprochaient sévèrement sa conduite. Déjà malade en débarquant, il ne fit plus que languir et mourut au bout de quelques jours, achevé par le chagrin et les remords.

L'histoire a le devoir de se montrer indulgente en présence de la tombe de Pinzon. Ses mérites et ses services sont dignes des plus grands éloges; ses fautes sont de celles pour lesquelles il ne faut pas être sans pitié. Un des premiers en Espagne, il apprécia à sa juste valeur le projet de Colomb, et il le secourut de sa bourse quand il était encore pauvre et inconnu. Il l'aida à se procurer des navires et à les armer, quand les ordres mêmes des souverains demeuraient sans effet; enfin, il s'embarqua avec ses frères et ses amis, risquant du même coup sa vie, sa fortune et tout ce qu'il possédait au monde. Il avait donc mérité d'avoir sa large part dans la gloire de cette immortelle expédition, lorsque dans une heure fatale, oubliant la grandeur de l'entreprise et l'obéissance absolue qu'il devait à son chef, il céda aux suggestions de l'intérêt personnel et se rendit coupable d'un acte d'insubordination qui a imprimé une tache sur son nom. Il n'est pas difficile de plaider en sa faveur les circonstances atténuantes : il avait conscience d'avoir rendu de grands services à l'expédition ; il avait une grande partie de sa fortune sur les vaisseaux; il était habitué à commander, ce qui lui rendait l'obéissance plus pénible. C'était un homme naturellement généreux et dont l'ambition était honorable ; on le voit par la douleur poignante que lui causa sa disgrâce méritée. Un homme vulgaire ne serait pas mort de chagrin pour avoir été convaincu d'une faute contre l'honneur.

CHAPITRE XV

Réception faite à Colomb par les souverains d'Espagne à Barcelone.

(1493)

Tout le long de sa route, Colomb fut acclamé par les populations comme le sont d'habitude les seuls souverains.

Il arriva à Barcelone vers la mi-avril. Quand il fut près de la ville, une grande quantité de jeunes courtisans et de cavaliers vinrent à sa rencontre, suivis d'une foule immense de peuple. En tête du cortège marchaient les six Indiens qu'il avait amenés; ils étaient enluminés de leurs peintures sauvages et parés de leurs ornements d'or. Derrière eux on portait différentes espèces de perroquets vivants, avec des oiseaux et des animaux empaillés, tous d'espèces inconnues, et des plantes rares auxquelles on prêtait des vertus merveilleuses; on faisait grand étalage des couronnes indiennes, des bracelets et autres ornements d'or, pour donner une idée de la richesse des pays récemment découverts. Ensuite venait Colomb, à cheval, entouré d'une brillante escorte de nobles espagnols. La foule était immense.

Pour le recevoir avec toute la distinction qu'il méritait, les souverains avaient fait placer leurs trônes en public, sous un dais magnifique en brocart d'or. C'est là qu'ils attendirent son arrivée, trônant en grande cérémonie, avec le prince Juan à leurs côtés, et autour d'eux la plus haute noblesse du royaume. Colomb parut en leur présence, avec sa brillante

HONNEURS RENDUS A COLOMB PAR LES SOUVERAINS D'ESPAGNE.

escorte de cavaliers. Il attirait tous les regards par sa haute taille et la noblesse de son maintien; avec sa vénérable chevelure blanche il avait l'aspect auguste d'un sénateur romain. Un sourire modeste éclairait sa belle physionomie et montrait qu'il jouissait de la pompe et de la gloire dont il était environné. Certes, pour un esprit enflammé d'une noble ambition, pour une âme qui avait conscience d'avoir bien mérité, rien ne pouvait être plus profondément émouvant que ces témoignages de l'admiration et de la reconnaissance de toute une nation, ou plutôt de tout un monde.

A son approche les souverains se levèrent, comme pour recevoir un personnage du plus haut rang. Pliant les genoux, il se disposait à leur baiser les mains en signe de vasselage; mais avec la plus gracieuse courtoisie ils le forcèrent à se relever et lui ordonnèrent de s'asseoir en leur présence, honneur bien rare dans une cour si orgueilleuse et si formaliste.

Il rendit compte alors des incidents les plus remarquables de son voyage et mit sous les yeux des souverains les différentes productions et les habitants qu'il avait amenés du nouveau monde. Il assura à Leurs Majestés que c'étaient seulement là les prémices des découvertes qui lui restaient à faire, et qui ajouteraient des royaumes d'une incalculable richesse à leurs possessions, et à la vraie foi des nations de prosélytes.

Quand Colomb eut fini, le roi et la reine tombèrent à genoux, et les mains levées, les yeux pleins de larmes de joie et de reconnaissance, adressèrent à Dieu leurs remerciements et leurs louanges. Tout le monde suivit leur exemple; un enthousiasme profond et solennel s'empara de la magnifique assemblée; il y eut un silence plus émouvant que toutes les acclamations. Le *Te Deum* fut chanté par le chœur de la chapelle royale et accompagné par les instruments les plus mélodieux.

Dans l'enivrement du triomphe, Colomb n'oublia pas un

seul instant le projet qu'il avait formé pour la délivrance du saint sépulcre. Persuadé qu'il entrerait sous peu en possession d'une richesse incalculable, il fit vœu de fournir pour la future croisade une armée de quatre mille cavaliers et de cinquante mille fantassins dans un délai de sept ans, et une force égale dans les cinq années suivantes. Il suffit de citer ce vœu pour montrer combien les pensées de cet homme extraordinaire étaient élevées au-dessus de l'égoïsme et de l'intérêt personnel; combien son esprit était rempli des idées de dévouement et d'héroïsme qui, à l'époque des croisades, avaient enflammé les imaginations et dirigé les entreprises des plus braves guerriers et des princes les plus illustres.

Durant tout son séjour à Barcelone, Colomb fut comblé de marques d'honneur : il avait ses entrées auprès des souverains; le roi paraissait à cheval en public ayant d'un côté Colomb et de l'autre le prince Juan, également à cheval. On lui permit d'écarteler les armes royales, la tour et le lion, avec celles qu'on l'autorisa à porter et qui représentaient un groupe d'îles entourées de vagues. Plus tard on y ajouta cette devise :

A CASTILLO Y A LEON
NUEVO MUNDO DIO COLON.

A la Castille et à Léon
Colomb donna un nouveau monde.

La faveur des souverains lui attira les caresses des courtisans. Les envieux cependant ne parvenaient pas toujours à cacher leur envie. Un jour, à un grand festin, un courtisan jaloux lui demanda si, à défaut de lui, l'Espagne aurait manqué d'hommes capables de tenter et de mener à bien l'entreprise. Colomb, sans rien répondre, prit un œuf et pria les convives de le faire tenir debout sur la pointe. Tous essayèrent et personne n'y réussit. Alors il cassa l'un des bouts de l'œuf et l'œuf se tint tout seul ; c'était une manière ingénieuse de faire entendre au courtisan jaloux que les choses paraissent très simples une fois qu'on en a le secret, et que s'il était désormais facile au premier venu de se rendre au nouveau monde, c'est parce que lui Colomb avait tracé la route.

Ce ne fut pas seulement l'Espagne, mais le monde civilisé tout entier qui ressentit de l'enthousiasme et conçut de grandes espérances à la nouvelle de la découverte. Et encore n'en voyait-on pas toute la portée et toutes les conséquences. Car tout le monde croyait avec Colomb que Cuba était l'extrémité du continent asiatique, et que les îles voisines étaient baignées par les mers de l'Inde. On les appela donc les Indes occidentales, et comme le pays paraissait d'une immense étendue et que les habitants vivaient à l'état de nature, on employa pour le désigner l'expression de « nouveau monde ».

CHAPITRE XVI

Bulle de partage. — Préparatifs pour un second voyage de découvertes

(1493)

Au milieu des réjouissances les souverains espagnols ne négligèrent rien pour s'assurer leurs nouvelles acquisitions. A l'époque des croisades il s'était établi entre les princes chrétiens une doctrine en vertu de laquelle le pape, du droit de sa suprême autorité sur les choses temporelles, comme vicaire de Jésus-Christ, pouvait disposer des terres païennes en faveur des princes chrétiens qui entreprendraient de les soumettre à la domination de l'Église et d'y faire pénétrer les lumières de la religion.

Alexandre VI, originaire de Valence et sujet-né de la couronne d'Aragon, venait d'être élevé au pontificat. Tout en flétrissant ses vices, les historiens l'ont reconnu pour un esprit éminemment avisé et politique. Ferdinand lui représenta la découverte récente comme un triomphe extraordinaire pour la foi et une immense acquisition pour l'empire de l'Église. Il eut soin d'ajouter que les nouvelles découvertes n'empiétaient en rien sur celles qui avaient été concédées au Portugal par le saint-siège. Il suppliait donc Sa Sainteté de garantir à la Castille, en vertu d'une bulle, toutes les découvertes faites ou à faire dans les mêmes conditions. Il ne lui laissait pas ignorer d'ailleurs qu'il entendait conserver ses conquêtes quelle que fût la décision de Sa

Sainteté. Sa Sainteté comprit et accorda la bulle demandée (2 mai 1493).

Pour éviter tout conflit entre les couronnes d'Espagne et de Portugal, on traça une ligne imaginaire qui allait du pôle nord au pôle sud, en passant à une centaine de lieues à l'ouest des Açores et des îles du Cap-Vert. Toute terre découverte à l'ouest de cette ligne appartiendrait à la couronne de Castille; toute terre découverte à l'est appartiendrait au Portugal. Les discussions des deux puissances au sujet de leurs découvertes prirent fin le 4 juin 1494, lorsqu'on eut reculé la ligne imaginaire de 360 lieues à l'ouest des îles du Cap-Vert. Cet arrangement assura plus tard aux Portugais la possession du Brésil.

Les préparatifs étaient vigoureusement poussés pour le second voyage de Colomb. Pour assurer l'expédition régulière et prompte des affaires du nouveau monde, on les plaça sous la surintendance de Juan Rodriguez de Fonseca, archidiacre de Séville, qui eut plus tard le titre de patriarche des Indes. Francisco Pinelo lui fut adjoint comme trésorier et Juan de Soria comme *contador* ou contrôleur. Personne ne pouvait s'embarquer pour le nouveau monde sans l'autorisation formelle des souverains, de Colomb ou de Fonseca. Pour excuser l'esprit étroit et jaloux qui apparaît dans cette disposition, on a souvent allégué l'exemple des Portugais en tout ce qui touche leurs découvertes en Afrique. Mais ce même esprit a toujours, dans une certaine mesure, influé sur la politique de l'Espagne en matière de colonisation.

En vertu du même esprit, Colomb et Fonseca étaient autorisés à mettre en réquisition par toute l'Andalousie vaisseaux, équipages, armes et provisions, à la seule condition d'indemniser les intéressés.

Comme le grand objet de ces découvertes était, en apparence du moins, la conversion des Indiens, douze ecclésiastiques furent attachés à l'expédition; parmi eux se trouvait

Bernardo Buyl ou Boyle, moine bénédictin, homme de talent et réputé saint; mais c'était un politique subtil et un esprit intrigant. Le pape le fit son vicaire apostolique dans le nouveau monde.

Isabelle, avec sa douceur et sa compassion habituelles, se préoccupa du sort des indigènes; elle ordonna à Colomb d'infliger des châtiments exemplaires à quiconque les maltraiterait. Les six Indiens amenés par Colomb furent baptisés en grande pompe : la reine leur servit de marraine et le roi et le prince Juan furent leurs parrains.

Ayant eu vent des préparatifs que faisait le roi de Portugal pour s'emparer des découvertes de Colomb, Ferdinand hâta les siens et fut prêt avant son rival.

Grâce à l'infatigable activité de Colomb, aidé de Fonseca et de Soria, une flotte de dix-sept navires, grands et petits, se trouva en état de prendre la mer; on eut sous la main des gens de tous les métiers pour les besoins de la future colonie, et tout ce qui était nécessaire pour la subsistance, pour la défense, pour la culture du sol, le travail des mines et le trafic avec les indigènes.

De toutes parts les volontaires affluaient à Séville; on y voyait jusqu'à des hidalgos de haut rang. Aucun de ces volontaires ne se faisait une idée bien exacte des services qu'on lui demanderait ni de la nature du pays où il allait tenter fortune; mais le branle était donné et l'imagination populaire était frappée.

Il faut faire une mention particulière d'un jeune cavalier de bonne famille nommé don Alonso de Ojeda. Il était petit, mais bien proportionné et robuste, très brun, avec une belle physionomie pleine d'animation; il était d'une force et d'une agilité extraordinaires; on vantait son adresse dans le maniement de toutes les armes connues; il était accompli dans tous les exercices virils et militaires, admirable cavalier et soldat partisan de premier ordre. Hardi, sans préjugés, généreux jusqu'à la prodigalité, farouche dans la bataille, prompt à s'emporter, non moins prompt à oublier et à pardonner une injure, il fut longtemps l'idole de la jeunesse hardie et aventureuse qui fit partie des premières expéditions au nouveau monde, et se distingua par ses périlleuses entreprises et ses singuliers exploits. Le premier acte qui nous le révèle est une folie qu'il accomplit en présence de la reine Isabelle, au haut de la Giralda ou tour moresque de la cathédrale de Séville. A une immense hauteur au-dessus du sol, une grosse poutre d'une vingtaine de pieds faisait saillie en dehors de la tour. Ojeda s'avança le long de cette poutre, aussi tranquillement que s'il se fût promené dans sa chambre. Arrivé au bout, il se mit sur un seul pied, l'autre pied levé en l'air; ensuite il fit légèrement volte-face et se dirigea vers la tour; alors il plaça un de ses pieds contre le mur et lança une orange jusqu'au sommet de la tour, ce qui suppose une énorme force musculaire.

Pendant les préparatifs de l'armement, Colomb eut quelquefois de sérieuses difficultés avec les représentants de la couronne. Juan de Soria, le contrôleur, refusait parfois de signer les comptes de l'amiral, parce que les dépenses dépassaient le chiffre indiqué primitivement dans les devis. L'archidiacre Fonseca discutait les demandes de Colomb relativement au nombre de valets de pied et de domestiques qu'il jugeait nécessaires pour tenir son rang de vice-roi. Tous deux furent réprimandés par les souverains et reçurent l'ordre de s'étudier à complaire à Colomb en toutes choses. Cette réprimande fit de Fonseca un ennemi mortel de Colomb, et il profita de sa situation officielle pour lui susciter mille chicanes odieuses. Or, comme il jouissait de la faveur des souverains sans la mériter, il eut pendant trente ans le contrôle des affaires indiennes. Pour satisfaire sa haine, il mit souvent obstacle aux entreprises nationales et réduisit presque au désespoir les hommes les plus illustres.

CHAPITRE XVII

Départ de Colomb pour un second voyage de découvertes. Arrivée à Hispaniola.

(1493)

Le 25 septembre, dès l'aurore, la baie de Cadix était blanche de voiles : on y voyait trois gros navires de charge et jusqu'à quatorze caravelles. Le nombre des personnes autorisées à s'embarquer avait été primitivement fixé à mille; mais beaucoup de volontaires obtinrent la permission de faire le voyage à leurs frais, d'autres se glissèrent à bord en contrebande, de sorte que l'expédition finit par comprendre environ quinze cents hommes. Tous étaient persuadés qu'ils allaient faire fortune en peu de temps ; au lieu de les plaindre, ceux qui restaient à terre leur portaient envie. Colomb, pour s'embarquer, traversa une foule immense, accompagné de ses deux fils Diego et Fernando, dont l'aîné était à peine un jeune homme, et qui étaient venus tous les deux pour assister à son départ. Sur le passage de Colomb tous les regards le suivaient avec admiration, toutes les bouches le louaient et le bénissaient.

Arrivé aux Canaries, il s'approvisionna de bois et d'eau et embarqua des animaux vivants, des plantes et des graines pour les acclimater à Hispaniola. Le 13 octobre il perdit de vue l'île de Fer; cette fois il se dirigea vers le sud-ouest, dans l'espérance de découvrir les îles des Caraïbes, dont on lui avait tant parlé. Le 2 novembre de grand matin on signala une île très élevée à l'ouest. Il l'appela Dominica, parce qu'il l'avait découverte un dimanche. A mesure que la flotte approchait, d'autres îles se montrèrent successivement, couvertes de forêts, animées par de grands vols de perroquets et autres oiseaux des tropiques, tandis que l'air était parfumé par les brises qui avaient passé sur les forêts. Ces îles faisaient partie du groupe des Antilles, qui s'étend presque en demi-cercle depuis l'extrémité est de Porto-Rico jusqu'à la côte de Paria, et forme comme une barrière entre le grand Océan et la mer des Caraïbes.

Dans une de ces îles, qu'ils nommèrent la Guadeloupe, les Espagnols trouvèrent pour la première fois des ananas. Ils y rencontrèrent aussi une épave de navire européen; elle avait probablement été apportée là par le courant constant qui accompagne les moussons. Mais une chose qui les remplit d'horreur, ce fut la vue de débris humains suspendus dans les maisons, en manière de provisions de bouche, tandis que d'autres débris de même nature bouillaient ou rôtissaient au feu. Colomb pensa tout de suite qu'il était dans les îles des Caraïbes ou Cannibales. Quelques prisonniers le confirmèrent dans cette opinion.

Pendant que l'expédition séjournait dans l'île de la Guadeloupe, un parti de huit hommes commandé par Diego Marque, capitaine d'une des caravelles, s'égara dans les bois et ne reparut pas le soir. La journée du lendemain se passa en recherches inutiles.

Le surlendemain, Alonso de Ojeda battit les forêts et les montagnes à la tête de quarante hommes déterminés. Les recherches étaient rendues très difficiles par le luxe de la végétation, l'épaisseur des forêts et la quantité de cours d'eau qu'il fallait traverser. Ojeda en avait compté vingt-six dans l'espace de six lieues. Il parla avec le plus grand enthousiasme du pays qu'il venait de parcourir. Les forêts, disait-il, étaient remplies d'arbres et d'arbustes qui devaient produire, sans aucun doute, des gommes précieuses et des épices.

Après plusieurs jours de recherches infructueuses, Colomb, pensant que les huit hommes et Diego Marque avaient péri, se décida à donner le signal du départ; pendant qu'on appareillait, ils reparurent sur le rivage dans l'état le plus misérable. Ils s'étaient égarés dans l'épaisseur des forêts, avaient erré à l'aventure pendant plusieurs jours et étaient presque réduits au désespoir lorsqu'ils étaient arrivés au rivage, en vue même de la flotte.

Ayant quitté la Guadeloupe, Colomb visita d'autres îles du même archipel. A Santa-Cruz, une chaloupe envoyée pour faire de l'eau eut à soutenir l'attaque d'un canot où il y avait plusieurs Indiens et deux femmes. Ces femmes se battirent aussi vaillamment que les hommes; l'une d'entre elles lança une flèche avec tant de force que la flèche perça un bouclier et blessa le soldat qui le portait. Leur canot ayant chaviré, ces gens continuèrent à se battre dans l'eau; on eut beaucoup de peine à les prendre. Quand on les eut apportés à bord des navires, les Espagnols ne purent s'empêcher d'admirer leur valeur indomptable et la fierté de leur contenance. Une des femmes devait être la reine, à en juger par le respect qu'on lui témoignait. Elle était accompagnée de son fils, qui avait été blessé dans le combat. Un des Indiens avait été percé d'un coup de lance et mourut de sa blessure. Un des Espagnols, qui avait été frappé d'une flèche empoisonnée, mourut aussi au bout d'un jour ou deux.

Poursuivant son voyage, Colomb releva un petit groupe d'îles qu'il appela les Onze mille Vierges, et arriva en vue d'une île plus considérable, couverte de belles forêts, et dont la côte était toute découpée par une quantité de baies. Les naturels l'appelaient Boriquen, Colomb lui donna le nom de Saint-Jean-Baptiste : c'est aujourd'hui Porto-Rico. Le 22 novembre il arriva à l'extrémité est d'Haïti ou Hispaniola. Après avoir dépassé le golfe des Flèches, il mit à terre un des jeunes

Indiens qu'il avait emmenés en Espagne, comptant sur l'effet que ses récits produiraient dans le pays. Mais il n'entendit plus jamais parler de lui. Il ne lui restait qu'un seul des Indiens qui l'avaient suivi ; c'était un jeune Lucayen de l'île de Guanahani. Il avait été baptisé à Barcelone et on lui avait donné le nom du frère de l'amiral : Diego Colon ; celui-là fut toujours fidèle et dévoué aux Espagnols.

A un endroit que Colomb avait visité pendant son premier voyage, dans le voisinage d'une rivière qu'il avait nommée Rio del Oro, on trouva les cadavres de trois hommes et d'un enfant. L'un de ces cadavres avait de la barbe, donc c'était celui d'un Espagnol ; quoiqu'ils fussent tous dans un état de décomposition très avancé, on put encore constater qu'ils portaient des traces de violences. Ce spectacle fit naître dans l'âme des assistants de funestes pressentiments, et Colomb se hâta de gagner la Navidad, craignant qu'il ne fût arrivé malheur à Diego de Arana et à ses compagnons.

CHAPITRE XVIII

Ce qui s'était passé au fort de la Navidad.

(1493)

Le 27 novembre au soir, Colomb mouilla en face de la rade de la Navidad, à une lieue de la côte. Comme il faisait trop sombre pour qu'on pût distinguer les objets à cette distance, il fit tirer deux coups de canon. Rien ne répondit à ce signal. Vers minuit, beaucoup d'Indiens vinrent en canot et demandèrent l'amiral, refusant absolument de se risquer à bord tant qu'ils ne l'auraient pas vu. Colomb se montra, et les Indiens montèrent à bord sans hésitation. L'un d'eux était cousin de Guacanagari et apportait un présent de sa part. Colomb demanda tout d'abord des nouvelles de la garnison. Quelques hommes étaient morts de maladie, d'autres avaient été tués par leurs camarades dans une querelle; d'autres enfin étaient allés se fixer dans une autre partie de l'île. Guacanagari avait été attaqué par Caonabo, le farouche cacique des montagnes de Cibao. Le village avait été brûlé, et Guacanagari blessé était malade dans un village voisin.

Les Indiens quittèrent Colomb en lui annonçant pour le lendemain la visite de Guacanagari. Mais la journée du lendemain s'écoula sans qu'on vît rien paraître; le rivage semblait absolument désert. Sur le soir, Colomb envoya une chaloupe à terre. Les hommes qui la montaient coururent aussitôt vers le fort; le fort était brûlé et démoli, les palissades renversées, le sol jonché de débris de caisses, de provisions gaspillées et de lambeaux de vêtements européens. Pas un seul Indien ne s'approcha des Espagnols; ceux qui les épiaient de loin s'enfuyaient dès qu'ils se voyaient découverts. Les hommes de l'expédition revinrent à bord sans avoir pu se procurer le moindre renseignement.

Le lendemain matin Colomb se rendit en personne aux ruines du fort et fit faire des fouilles pour chercher les cadavres des hommes de la garnison. Il avait ordonné à Arana, en cas de danger pressant, d'enterrer tout ce qu'il aurait de précieux ou de le jeter dans le puits. On sonda le puits, on creusa le sol; mais on ne trouva point d'or. A quelque distance du fort on découvrit les corps de onze Européens ensevelis à différentes places; l'ensevelissement paraissait remonter à une date assez éloignée. Dans les maisons d'un petit village voisin on découvrit des objets de provenance européenne qui ne pouvaient pas être venus là par voie de trafic. On supposa donc que le fort avait été pillé par les Indiens du voisinage, et que le village de Guacanagari avait eu affaire aux mêmes ennemis, puisque ce n'était plus qu'un monceau de cendres.

Voici à peu près ce que l'on put savoir de la vérité. Aussitôt après le départ de Colomb, ceux qu'il laissait derrière lui oublièrent toutes ses recommandations. Au lieu de cultiver l'amitié des Indiens, ils employèrent la violence pour leur arracher leurs ornements d'or et tous les objets qui pouvaient avoir une valeur quelconque; ensuite ils se disputèrent les armes à la main le fruit de leurs rapines. L'autorité de Diego de Arana fut méconnue; la division se mit parmi les Espagnols; Pedro Gutierrez et Rodrigo de Escobedo aspirèrent à être les égaux de leur commandant. Un Espagnol fut tué dans une querelle, Gutierrez et Escobedo se séparèrent du reste de la garnison et, suivis de neuf de leurs partisans, partirent pour les montagnes de Cibao, avec l'intention d'exploiter les mines d'or à leur profit. Ces mines appartenaient au fameux Caonabo; Caraïbe d'origine, il était venu à Hispaniola en aventurier et avait conquis facilement une grande autorité sur des populations inoffensives et pacifiques. D'après les merveilles qu'on lui avait rapportées sur le compte des hommes blancs, il vit en eux des rivaux redoutables, en état de contre-balancer et même de détruire son influence. Le départ de Colomb lui donna lieu d'espérer que leur intrusion ne serait que temporaire; les discordes de ceux qui restaient accrurent sa confiance. Dès que les dissidents parurent sur son territoire, il les fit saisir et mettre à mort. Alors, à la tête de ses sujets, il s'enfonça dans les forêts et arriva secrètement dans le voisinage de la Navidad. Il restait dix hommes dans le fort, sous le commandement de Arana; tous les autres habitaient le village sans prendre les précautions les plus élémentaires. Au milieu de la nuit, Caonabo et ses guerriers, en poussant d'effroyables hurlements, fondirent sur la Navidad et brûlèrent le fort et le village. Guacanagari et les siens firent de leur mieux, mais ils furent facilement défaits et Guacanagari fut blessé; huit Espagnols se jetèrent à la mer et se noyèrent; tous les autres furent massacrés.

Telle est l'histoire du premier établissement européen dans le nouveau monde. Elle montre en raccourci les vices grossiers qui dégradent la civilisation, et les grandes erreurs politiques qui causent parfois la ruine des plus puissants empires.

Colomb rendit visite au cacique; Guacanagari souffrait des suites d'un coup de pierre qu'il avait reçu à la jambe, et plusieurs de ses sujets montrèrent aux Espagnols des blessures récentes qui avaient été faites, à n'en pas douter, par des armes indiennes. Un chirurgien espagnol examina la jambe du cacique. Le coup de pierre n'avait point laissé de traces visibles, et cependant le cacique tressaillait dès qu'on lui touchait la jambe. Comme il s'était écoulé un certain temps depuis le jour de la bataille, il pouvait se faire que les traces extérieures eussent disparu et que la jambe néanmoins fût restée endolorie. Colomb ne douta pas un seul instant de la parole de Guacanagari; mais beaucoup de ses compagnons, surtout ceux qui n'avaient pas vu le cacique à l'œuvre lors du premier voyage, demeurèrent persuadés que sa blessure était feinte et que l'invasion de Caonabo était une histoire qu'il inventait pour cacher sa perfidie.

Colomb persista à le croire innocent, l'invita à visiter ses navires et lui montra les merveilles de l'art et de la nature qu'il apportait de l'ancien monde. Ce qui étonna le plus Guacanagari, ce furent les chevaux. La vue des prisonniers caraïbes lui donna aussi une très haute idée de la bravoure et de la puissance des Espagnols.

Les Espagnols avaient à bord plusieurs femmes indiennes qu'ils avaient délivrées des mains des Caraïbes. Une d'entre elles frappa l'attention de Guacanagari, qui de retour à terre lui envoya un message. Pendant la nuit cette femme et ses compagnes se jetèrent à la mer pour gagner la côte, qui était à trois milles. L'éveil fut donné à bord du vaisseau, on arma les chaloupes; mais on ne put reprendre que quatre des fugitives; les autres disparurent dans les forêts. Parmi ces dernières se trouvait celle qui avait reçu un message du cacique. Dès le lendemain le cacique lui-même disparut avec toute sa suite. Cette fuite mystérieuse sembla donner raison à ceux qui avaient douté de sa sincérité.

CHAPITRE XIX

Fondation de la ville d'Isabella. — **Griefs de la population.**

(1493)

A cause de tout ce qui s'était passé à la Navidad, les marins superstitieux regardaient cet emplacement comme un lieu maudit. D'ailleurs le terrain était bas, humide et malsain, et l'on n'y avait pas de pierres sous la main pour bâtir. Colomb choisit donc, à dix lieues environ de Monte-Cristi un emplacement protégé d'un côté par une barrière naturelle de rochers et de l'autre par une forêt impénétrable, à portée d'une plaine arrosée par deux rivières, et non loin des mines d'or des montagnes de Cibao.

Aussitôt qu'il eut tracé le plan de la nouvelle ville, la construction commença. Les édifices publics furent bâtis en pierre; on employa pour les maisons particulières le bois, le plâtre, les roseaux et tous les autres matériaux que l'on avait sous la main. Telle fut la première ville chrétienne bâtie dans le nouveau monde. Colomb l'appela Isabella, en l'honneur de sa royale protectrice.

Tout alla bien d'abord; mais bientôt les maladies exercèrent leurs ravages, non seulement les maladies du corps, mais encore celles de l'esprit. Tous ces gens qui avaient rêvé de vivre dans l'abondance de toutes choses et de devenir riches tout d'un coup et sans travail, tombèrent dans un véritable désespoir et regrettèrent amèrement le vieux pays. Colomb lui-même tomba malade de fatigue; mais son âme énergique ne se laissa point abattre, et de son lit de souffrance il continua à tout diriger.

La majeure partie des navires étaient prêts à retourner en Espagne. Afin de soutenir la réputation de ses découvertes, et de ne pas renvoyer des vaisseaux vides, Colomb résolut de faire une expédition aux mines d'or des montagnes de Cibao.

Ojeda, chargé de conduire cette expédition, revint avec de l'or et fit le rapport le plus favorable; aussitôt Colomb renvoya douze vaisseaux sous le commandement d'Antonio Torrès, qui emporta avec lui des échantillons de l'or trouvé dans les montagnes de Cibao, des fruits et des plantes précieuses inconnues jusque-là; il emmena aussi les prisonniers caraïbes pour leur apprendre l'espagnol, les instruire dans la foi chrétienne, et en faire plus tard des guides et des interprètes, en vue de la conversion de leurs compatriotes. Colomb écrivit un rapport plein d'enthousiasme sur les deux expéditions faites à l'intérieur et exprima l'espoir, presque la certitude de pouvoir, aussitôt que lui et les siens auraient recouvré la santé, envoyer des cargaisons d'or, d'épices et de drogues précieuses.

Il y a dans cette lettre un passage que l'on ne peut lire sans un profond chagrin : c'est celui où Colomb, désireux d'alléger à tout prix les dépenses de la colonie, suggère l'idée de vendre comme esclaves les Caraïbes que l'on fera prisonniers, sous prétexte que ce sont des cannibales et des sauvages pleins de férocité. En les expédiant en Europe, où ils jouiront des bienfaits de l'instruction chrétienne, c'est autant d'âmes que l'on arrachera à la perdition. On a peine à voir un esprit aussi élevé que celui de Colomb recourir à de pareils sophismes pour se prouver à lui-même qu'il obéit aux ordres de sa conscience, tandis qu'il ne fait que céder aux suggestions de son intérêt. Par bonheur l'âme compatissante d'Isabelle n'entra point dans ces raisons, et Colomb reçut l'ordre de traiter les Caraïbes comme tous les autres insulaires.

Cependant l'esprit de mutinerie et de sédition s'était répandu dans la colonie. Le mécontentement fut poussé à son comble par un certain Firmin Cado. C'était une mauvaise tête, un esprit captieux et en même temps un ignorant qui n'entendait rien à son métier d'essayeur et de raffineur des métaux. Plutôt que d'avouer son ignorance, il s'obstina à soutenir qu'il n'y avait presque pas d'or dans l'île, et que tous les échantillons apportés par les indigènes avaient été amassés dans le cours de plusieurs générations et transmis de père en fils.

Une conspiration se forma, ayant à sa tête Bernal Diaz de Pisa, le contrôleur. On profiterait de la maladie de Colomb pour s'emparer des navires et pour retourner en Espagne. Là on se justifierait facilement en prouvant qu'il trompait grossièrement les souverains par des rapports exagérés. Colomb, prévenu à temps, fit arrêter Bernal Diaz et l'emprisonna à bord d'un des navires, en attendant qu'il l'envoyât en Espagne pour y être jugé; quelques-uns des mutins furent punis, mais pas assez sévèrement. Comme c'était la première fois que Colomb usait de son droit de punir dans son nouveau gouvernement, l'opinion publique s'éleva aussitôt contre lui, avec d'autant plus de licence que c'était un étranger, sans amis sur lesquels il pût compter, tandis que tous ses adversaires avaient des parents en Espagne, et dans la colonie des amis et autant de partisans qu'il y avait de mécontents.

CHAPITRE XX

Expédition de Colomb dans l'intérieur d'Hispaniola.

(1494)

Pour faire diversion, Colomb, à peine rétabli, prépara une grande expédition destinée à explorer les montagnes de Cibao; il résolut aussi de construire un fort dans le voisinage des mines. Laissant le commandement d'Isabella à son frère Diego, il partit le 12 mars à la tête de quatre cents hommes armés de casques, de corselets, d'arquebuses, de lances, d'épées et d'arbalètes, emmenant avec lui des ouvriers et des mineurs, et suivi d'une multitude d'Indiens du voisinage. Le soir, après avoir traversé une plaine et deux rivières, la petite armée campa au bas d'un passage sauvage et rocailleux qui traversait les montagnes.

L'ascension présentait de grandes difficultés, à cause du transport des munitions et des bagages des mineurs. Il n'y avait qu'un petit sentier indien qui serpentait à travers les rochers et les précipices, et le fouillis inextricable de la végétation tropicale. Un certain nombre de jeunes hidalgos pleins d'ardeur donnèrent l'exemple aux ouvriers et aux pionniers, et bientôt s'ouvrit la première route que des européens eussent construite dans le nouveau monde. Colomb, dans sa reconnaissance pour les jeunes cavaliers, l'appela la Passe des Hidalgos. L'armée, après avoir franchi ce défilé, déboucha en vue d'une plaine si merveilleusement belle que l'enthousiasme gagna tous les esprits. Colomb l'appela Vega Real ou Plaine Royale.

L'armée déboucha dans la plaine en grande pompe, au son des instruments militaires. Les Indiens furent frappés de stupeur à la vue de ces hommes bardés de fer, de ces bannières flottantes, de ces chevaux ardents, et au bruit nouveau pour eux des tambours et des trompettes. Les chevaux surtout excitaient leur terreur et leur admiration. Ils s'étaient figuré que le cheval et le cavalier ne formaient qu'un seul animal : aussi leur stupeur était profonde quand ils voyaient les cavaliers descendre de leurs montures.

Revenus de leur première terreur, ils se montrèrent si empressés et si hospitaliers, qu'ils retardèrent la marche de l'armée. Ils ne voulurent jamais recevoir quoi que ce soit en échange des provisions qu'ils fournissaient en abondance. Il est remarquable que, presque dans tout l'univers, le sauvage abandonné à son instinct naturel dédaigne de faire trafic de l'hospitalité.

L'armée mit deux jours pour traverser cette admirable plaine et franchit deux rivières. La première, appelée Yagui par les habitants, reçut de l'amiral le nom de rivière des Roseaux; il appela l'autre rivière Verte, à cause de la fraîche verdure de ses rives. On arriva alors à une haute chaîne de montagnes rocailleuses qui fermaient la plaine et où commençait la région de l'or, aussi dénudée, aussi aride et stérile que l'autre était touffue, fraîche et fertile : Cibao, dans la langue du pays, signifie pierre. Ce qui consola les Espagnols de l'aridité du sol, ce fut de trouver des parcelles de poudre d'or mêlées au sable des cours d'eau.

Tout en faisant construire le fort de Saint-Thomas près des mines, pour protéger les mineurs, Colomb fit explorer le pays de Cibao par un jeune cavalier de Madrid nommé Luxan. Le rapport de Luxan fut des plus favorables : plusieurs parties du pays étaient susceptibles de culture, les forêts semblaient abonder en épices; des vignes grimpaient aux arbres et portaient des raisins d'une saveur délicieuse; dans les vallons et les vallées tous les cours d'eau charriaient des paillettes d'or.

Les naturels vinrent en foule au fort, pour échanger de l'or contre des objets de pacotille. Leurs récits, certainement entachés d'exagération, sur l'abondance de l'or dans certaines vallées ou sur certaines montagnes qu'ils nommaient, enflammaient toutes les imaginations.

CHAPITRE XXI

Détails sur les naturels.

Le fort Saint-Thomas à peu près achevé, Colomb en confia le commandement à Pedro Margarite, chevalier de Saint-Jacques, et repartit pour Isabella en laissant à Margarite une garnison de cinquante-six hommes. Il séjourna quelque temps dans la plaine pour tracer des routes entre la baie et le fort, pour habituer son monde à la nourriture des indigènes et pour nouer des relations de bonne amitié avec eux.

Il eut occasion de modifier l'opinion qu'il s'était faite sur leur caractère, et les trouva moins pacifiques et moins ignorants des choses de la guerre qu'il ne se l'était d'abord imaginé. Les incursions des Caraïbes avaient forcé les habitants de la côte à s'aguerrir et à s'exercer au maniement des armes. De son côté, Caonabo avait communiqué quelque chose de son esprit belliqueux à ceux qui habitaient le centre de l'île. Cependant, en général, les insulaires étaient d'un caractère doux et inoffensif.

Ils croyaient en un Être suprême qui habitait le ciel et qui était tout-puissant et invisible. Ils se l'imaginaient immortel, mais non pas éternel, car ils lui attribuaient un commencement; il avait eu une mère et pas de père. Ils ne le priaient pas directement, mais seulement par l'intermédiaire de certaines divinités inférieures qu'ils appelaient *zemis* et qui étaient pour eux des espèces de messagers ou médiateurs.

Chaque cacique, chaque famille, chaque individu avait son zemi particulier, généralement représenté sous une forme hideuse, et dont l'image était reproduite sur les objets qui lui appartenaient; quelquefois ils se l'attachaient au front pour aller au combat. Persuadés que l'influence des zemis peut se transférer avec leurs images, ils les cachèrent tous à l'arrivée des Espagnols. Les zemis exerçaient leur influence sur tous les objets de la nature, sur les éléments, sur les bois, sur la mer, sur les fontaines, produisant à leur gré l'abondance ou la disette.

Les Indiens connaissaient bien les propriétés des arbres et des plantes. Leurs butios ou prêtres pratiquaient la médecine. Pour chasser la maladie ils se servaient de simples, mais en même temps ils pratiquaient des rites mystérieux. Ils faisaient des incantations en tenant une lumière allumée dans la chambre du malade, pour exorciser la maladie et l'envoyer à la mer ou à la montagne. Ils usaient encore de charlatanisme pour donner plus d'autorité aux ordres des caciques, et faisaient parler leurs idoles.

Une fois l'an chaque cacique donnait une fête en l'honneur de son zemi; ses sujets se rendaient processionnellement au temple; les gens mariés se paraient de leurs plus précieux ornements; les jeunes filles, entièrement nues, portaient des corbeilles de gâteaux ornés de fleurs et chantaient en marchant, tandis que le cacique battait la mesure sur un tambour indien. Après avoir offert les gâteaux au zemi, on les rompait et l'on s'en partageait les morceaux, que l'on conservait comme des charmes contre la mauvaise chance. Alors les jeunes filles dansaient, au rythme de certaines chansons composées à la louange des divinités et des actions héroïques des anciens caciques. La cérémonie se terminait par une invocation au zemi.

Selon les indigènes, l'île d'Haïti avait été créée avant le reste de la terre. Le soleil et la lune étaient sortis, pour éclairer l'univers, d'une caverne que l'on montre encore près du cap François. La race humaine était sortie d'une autre caverne de l'île, ou du moins les hommes; quant aux femmes, les hommes les trouvèrent un jour perchées sur un arbre auprès d'un lac, les capturèrent, non sans peine, et vécurent désormais avec elles.

Comme la plupart des nations sauvages, ils avaient une tradition concernant le déluge; cette tradition est aussi puérile que celles qui précèdent. Un puissant cacique, ayant tué son fils qui conspirait contre lui, mit ses os dans une gourde pour les conserver; le lendemain il ouvrit la gourde et il en sortit des poissons. Alors il plaça la gourde au sommet de sa hutte et dit qu'il avait la mer dans cette gourde. Quatre frères, fort curieux de leur naturel, résolurent de savoir ce qui en était et vinrent pendant l'absence du cacique. Par malheur la gourde leur échappa des mains et se brisa sur le sol; aussitôt il en sortit des flots bouillonnants avec des dauphins, des requins, des baleines et des tortues; l'eau coula avec tant d'abondance qu'elle couvrit toute la terre et forma l'océan; elle ne laissa plus paraître que le sommet des montagnes, qui sont les îles d'à présent.

Lorsqu'un cacique était dans un état désespéré, on l'étranglait par respect, afin qu'il ne mourût pas comme le vulgaire. Les gens du commun étaient traités autrement : on les étendait dans leur hamac, on plaçait près d'eux du pain et de l'eau, et on les laissait mourir dans la solitude. Quelquefois on les portait au cacique, et s'il consentait à leur accorder cette faveur, on les étranglait. Tantôt on brûlait complètement les morts, tantôt on conservait quelques-uns de leurs os, comme reliques de famille. On ouvrait le corps du cacique et on le desséchait au feu pour le conserver.

Ils avaient une idée confuse de l'existence de l'âme une fois séparée du corps, et croyaient aux apparitions des morts. Ils se figuraient qu'après la mort les esprits de ceux qui avaient été bons se trouvaient réunis aux esprits de ceux qu'ils avaient aimés et à ceux de leurs ancêtres; ils étaient transportés dans une région bienheureuse, près d'un lac, dans la belle province de Xaragua, située dans l'ouest de l'île. Là ils vivaient à l'ombre des bosquets fleuris, au sein des délices.

Les danses, pour lesquelles ils avaient une passion si vive, n'étaient pas de simples passe-temps; elles affectaient souvent le caractère de cérémonies religieuses et mystiques. Les chants qui les accompagnaient, et qui se transmettaient de génération en génération, renfermaient leurs idées théologiques et leurs fables religieuses; d'autres avaient un caractère héroïque et historique, et rappelaient les hauts faits des ancêtres. Le rythme de ces chants, ou *areytos*, était marqué par de grossiers tambourins faits de gros coquillages, ou par des tambours fabriqués avec des troncs d'arbres creux.

Les naturels, d'après le jugement des Espagnols, étaient une race paresseuse, imprévoyante et indifférente presque pour tout ce qui fait que le reste de l'humanité peine et travaille. Le climat était si doux qu'ils n'éprouvaient point le besoin de se vêtir, et le sol si généreux que leur pain quotidien pendait aux branches des arbres tout le long de l'année.

Mais cette vie libre et heureuse ne serait bientôt plus qu'un songe; l'homme blanc avait apparu sur cette terre fortunée, apportant avec lui l'avarice, l'orgueil, l'ambition, les soucis sordides et la torture du travail.

CHAPITRE XXII

Maladies et mécontentements à Isabella. — Colomb prépare une expédition pour reconnaître Cuba.

(1494)

A peine rentré à Isabella, Colomb reçut un message du commandant du fort Saint-Thomas : les Indiens du voisinage avaient quitté leurs villages et rompu toute relation avec le fort; on s'attendait à une attaque de Caonabo. Colomb envoya un renfort de vingt hommes, qu'il jugeait suffisant contre des Indiens, et en détacha trente autres pour travailler à la route. Mais son grand souci c'était l'état présent de la colonie. La chaleur, l'humidité, le voisinage des marais et des bois avaient engendré des fièvres intermittentes et les autres maladies qui sont si fatales aux Européens sous le climat des tropiques. La plupart des colons étaient ou malades ou affaiblis. Les remèdes allaient manquer ainsi que les provisions de vivres. Pour éviter la famine, Colomb eut recours au rationnement. De tous côtés on jeta les hauts cris. Les gens en place, dont le devoir était de soutenir l'amiral, furent les premiers à se tourner contre lui; le frère Boyle se montra un des plus acharnés.

Comme il n'y avait plus de farine, il était nécessaire de construire un moulin; mais, la plupart des ouvriers étant malades, Colomb fut obligé de mettre tous les gens valides en réquisition, même les cavaliers, même les personnes d'un haut rang. Contre les récalcitrants il employa la contrainte et se fit de cruels ennemis. On le représenta à la cour comme un parvenu étranger qui ne craignait pas, dans l'intérêt de son ambition personnelle, de fouler aux pieds la dignité des hidalgos et d'insulter à l'honneur de la nation.

Colomb cependant méditait un voyage d'exploration à Cuba. Mais il ne pouvait partir en laissant la colonie dans l'état où elle était. Il eut l'idée d'envoyer dans l'intérieur du pays tous les hommes valides dont la présence n'était pas nécessaire à Isabella. En vivant avec les naturels, ils s'habitueraient peu à peu à leur nourriture, et leur présence déconcerterait Caonabo ou tout autre cacique hostile. Il mit donc sous les ordres de Margarite une petite armée de deux cent cinquante arbalétriers, de cent dix arquebusiers, de soixante cavaliers et de vingt officiers; Ojeda remplaça Margarite dans le commandement du fort Saint-Thomas.

Margarite devait faire une sorte de promenade militaire et explorer les principales parties de l'île; il ferait observer la plus stricte discipline, protégerait les droits des Indiens et cultiverait leur amitié. Ojeda, en se rendant au fort, apprit que trois Espagnols avaient été volés au passage d'un gué par cinq Indiens et que le cacique avait partagé avec eux. Il fit couper les oreilles à l'un des Indiens, et envoya le cacique et son fils chargés de chaînes à Isabella. L'amiral se contenta de leur faire peur et les renvoya.

Pour l'administration civile il forma un conseil de gouvernement dont il donna la présidence à son frère Diego. Laissant dans la baie deux vaisseaux qui avaient un trop fort tirant d'eau pour explorer les côtes et les rivières, il partit le 24 avril avec la *Niña* ou *Santa Clara*, le *San Juan* et la *Cordera*.

CHAPITRE XXIII

Colomb explore la côte méridionale de Cuba.

(1494)

Arrivé le 29 avril à la pointe orientale de Cuba, celle qu'il avait appelée précédemment Alpha et Oméga (aujourd'hui cap Maysi), il suivit la côte méridionale. Les naturels du pays accouraient en foule au rivage et regardaient les navires avec étonnement. Ils montraient des fruits et autres provisions pour engager les Espagnols à aborder; d'autres venaient en canot apporter des rafraîchissements, refusant d'accepter quoi que ce fût en échange. Tous, du geste, désignaient le sud quand on leur demandait où il y avait de l'or, donnant à entendre qu'il y avait de ce côté une grande île où l'or abondait. Le 3 mai Colomb mit le cap sur cette île. Au bout de quelques lieues il découvrit à l'horizon les sommets bleuâtres de la Jamaïque. Il mit cependant deux jours et une nuit pour y arriver; à mesure qu'il approchait, son admiration allait croissant. Il s'émerveillait de l'étendue de l'île, de la beauté de ses montagnes, de la majesté de ses forêts et du nombre des villages qui animaient toute la face du pays.

Il trouva les naturels plus intelligents et plus braves que ceux de Cuba et d'Haïti. Leurs canots étaient mieux construits, décorés avec plus de goût; tous d'ailleurs étaient creusés dans le tronc d'un arbre qui ressemblait à l'acajou. Un de ces canots mesurait quatre-vingt-seize pieds de long sur huit de large;

tous les caciques avaient des canots de cette dimension. Les Espagnols furent d'abord accueillis en ennemis, mais on ne tarda pas à s'entendre. Comme l'île ne produisait point d'or, Colomb n'y fit pas un long séjour.

De retour à Cuba le 18 mai, il reconnut un grand cap, qu'il appela Cabo de la Cruz (cap de la Croix). Plus à l'ouest il se trouva perdu dans un labyrinthe de petites îles et de rochers à fleur d'eau ou *cayes;* il appela cet archipel Jardin de la Reine, s'imaginant y reconnaître les îles mentionnées par Mandeville et Marco Polo comme formant une sorte de frange le long de la côte d'Asie, et il se crut près d'atteindre les États du grand Khan.

Suivant toujours la prétendue côte d'Asie, il fit trente-cinq lieues, ayant à sa gauche la pleine mer et à sa droite la contrée appelée Ornofay; puis il retomba dans un labyrinthe de petites îles et explora une partie de la côte, dont les chenaux étroits ne sont guère fréquentés, même de nos jours, que par les contrebandiers et les pirates. Malgré toutes les difficultés et tous les périls il poursuivit son voyage, ayant cru comprendre qu'il y avait plus loin un pays nommé Mangon, dont la population portait des vêtements. Il supposa qu'il s'agissait de Mangi, la riche province asiatique décrite par Marco Polo. Il crut comprendre aussi que dans les montagnes de l'orient il y avait un roi puissant qui portait de longs vêtements blancs et ne communiquait que par signes avec le reste des hommes. Sans doute Colomb pensa qu'il s'agissait du prêtre Jean; son équipage d'ailleurs paraît avoir partagé cette illusion.

CHAPITRE XXIV

Retour

(1494)

Si Colomb avait pu seulement prolonger son voyage de deux ou trois jours, il aurait reconnu que Cuba était une île, et il aurait donné une toute autre direction à ses voyages de découvertes. Mais, comme les navires étaient en mauvais état et les équipages fatigués, il consentit à revenir. Seulement il obligea tous les officiers et les matelots à signer une déclaration où il était dit qu'ils étaient absolument convaincus que Cuba était un continent, le commencement et la fin de l'Asie.

En revenant à l'est, les équipages eurent beaucoup à souffrir de la fatigue et du manque de vivres. Le 7 juillet ils arrivèrent en vue d'une belle et riche contrée, dont les habitants leur apportèrent des provisions de toute espèce. Là un vieillard de quatre-vingts ans, ayant entendu parler par l'interprète des merveilles qu'il avait vues en Espagne, témoigna le plus vif désir de voir un pays si extraordinaire et supplia Colomb de l'emmener; on eut beaucoup de peine à lui faire abandonner son dessein.

Colomb retourna à la Jamaïque pour continuer l'exploration des côtes. Un jour, un cacique vint le trouver et s'entretint longuement avec l'interprète lucayen au sujet de la puissance des Espagnols et de leurs victoires sur les Caraïbes.

Le lendemain, le cacique revint en grande pompe, avec

toute sa famille, déclarer à Colomb que, voyant les Espagnols si puissants et si redoutables, et craignant de se voir enlever ses États, il avait résolu d'aller avec les siens rendre hommage au roi et à la reine, et visiter ce pays extraordinaire dont il entendait tant parler.

Colomb, en songeant aux dangers et aux fatigues auxquels seraient exposés la femme et les enfants du cacique, fut saisi de compassion et résolut de ne pas arracher ces pauvres gens à leur terre natale. Il prit le cacique sous sa protection et reçut son hommage au nom de ses souverains. Il lui dit qu'ayant encore beaucoup de pays à visiter, il ne pouvait le prendre avec lui pour le moment, que plus tard il se rendrait à son désir.

Le 19 août il quitta la Jamaïque et revint explorer la côte méridionale d'Haïti. Ensuite il mit le cap sur l'est pour compléter la découverte des îles Caraïbes. Mais par suite des fatigues qu'il avait endurées et des soucis de toute espèce qui avaient pesé sur son esprit, il tomba dans une sorte de léthargie qui ressemblait à la mort. Craignant de le voir mourir d'un moment à l'autre, ses compagnons le rapportèrent à Isabella dans un état de complète insensibilité.

CHAPITRE XXV

Ce qui s'était passé dans l'île d'Hispaniola. — Insurrection des indigènes. Expédition de Ojeda contre Caonabo.

(1494).

A l'époque où il avait quitté le Portugal, Colomb avait chargé son frère Barthélemi de faire des offres de sa part à Henri VII d'Angleterre. Différentes circonstances avaient retardé le départ de Barthélemi; pendant son voyage il fut pris par un corsaire et réduit à la dernière misère. Quand il put enfin se présenter à Henri VII, ce monarque accueillit sa proposition avec empressement et Barthélemi se mit en route pour rejoindre son frère. A Paris, il apprit que son frère avait découvert un nouveau monde et qu'il était pour le moment à la cour d'Espagne, jouissant de son triomphe. Il partit en toute hâte, après avoir reçu du roi de France Charles VIII cent couronnes pour son voyage; mais quand il arriva à Séville, Colomb venait de s'embarquer. Comme Barthélemi avait la réputation d'un navigateur accompli, les souverains lui confièrent trois vaisseaux chargés de provisions pour la colonie et lui donnèrent mission d'aider son frère dans ses entreprises. Encore une fois il arriva trop tard; quand il atteignit Isabella, l'amiral venait de partir pour explorer Cuba. En se réveillant de sa léthargie, Colomb eut la surprise et la joie de le voir à son chevet.

Jusque-là il n'avait pu compter que sur son autre frère,

don Diego; mais Diego était d'un caractère trop doux et trop pacifique : il était plutôt fait pour être prêtre que pour administrer les affaires d'une colonie factieuse. Barthélemi était énergique, actif, décidé et intrépide; tout ce qu'il entreprenait, il l'exécutait sans tenir compte des difficultés ou des dangers. De sa personne il était grand et robuste et avait toutes les allures du commandement. Mais s'il avait un grand air d'autorité, il avait quelque chose de trop austère; il lui manquait cette affabilité et cette bienveillance qui tempérait chez l'amiral ce que sa physionomie pouvait avoir d'imposant. On pouvait lui reprocher d'être d'un caractère difficile et de laisser paraître dans ses manières une sécheresse et une brusquerie qui lui firent beaucoup d'ennemis; malgré ces défauts extérieurs, il avait de la générosité, nulle arrogance, nulle malveillance; il était sans rancune comme il était sans peur.

C'était un marin consommé, en théorie comme en pratique, formé, dans une certaine mesure, sous les yeux de l'amiral, qu'il égalait presque en savoir. Quoiqu'il sût le latin, il ne semble pas qu'il eût reçu une éducation de premier ordre; son savoir, comme celui de son frère, provenait surtout d'une longue expérience et d'une patiente et attentive observation, aidées par les travaux de l'âge mûr. D'une intelligence aussi vigoureuse et aussi pénétrante que l'amiral, son âme avait moins d'enthousiasme et d'essor, et son cœur moins de simplicité; en revanche, il s'entendait mieux que lui au maniement des affaires, il connaissait mieux le prix de l'argent et avait à un plus haut degré cette sagesse mondaine qui est si importante dans la vie ordinaire. Son génie ne l'aurait jamais poussé aux sublimes méditations d'où est sortie la découverte d'un monde; mais son habileté pratique était faite pour tirer de cette découverte tout l'avantage possible.

Colomb conféra donc à son frère le titre et l'autorité d'adelantado, comme qui dirait de vice-gouverneur.

Pendant l'absence de Colomb, Pedro Margarite, au lieu de faire une promenade militaire à travers l'île, avait séjourné dans les villages hospitaliers de la grande plaine; lui et ses soldats, par leur licence et leur tyrannie, avaient excité l'indignation et la haine des indigènes. Don Diego, de l'avis du conseil, lui adressa des reproches et lui intima l'ordre de commencer sa promenade militaire. Margarite répondit avec arrogance et affecta de se considérer comme indépendant du conseil. Le parti aristocratique de la colonie le soutint, et son compatriote, frère Boyle, prit parti pour lui. Ce Boyle était un intrigant, animé d'une haine violente contre l'amiral et dégoûté de sa mission de vicaire général des Indes. Margarite et lui, à la tête des mécontents, sans consulter don Diego ni le conseil du gouvernement, s'emparèrent de quelques navires et s'embarquèrent pour l'Espagne. Comme ils étaient bien en cour, ils comptaient se justifier d'avoir manqué à leur devoir en faisant parade de leur zèle pour le bien public, et en alléguant la nécessité de faire connaître aux souverains l'état désastreux de la colonie et la tyrannie de Colomb et de son frère. C'est ainsi que le premier général et l'apôtre du nouveau monde donnèrent l'exemple de déserter leur poste.

Les soldats de Margarite, n'ayant plus de chef, se livrèrent à toutes sortes d'excès. Les indigènes irrités refusèrent de leur fournir des vivres plus longtemps; les soldats employèrent la violence pour s'en procurer, et bientôt leurs excès ne connurent plus de bornes. Poussés au désespoir, les Indiens se soulevèrent et commencèrent à tuer les Espagnols quand ils les rencontraient seuls ou par petites bandes; Guatiguana, cacique d'un gros village situé sur la Grande Rivière, fit mettre à mort dix soldats qui tenaient garnison dans son village et incendia une maison où il y avait quarante Espagnols malades; il bloqua même un petit fort récemment construit, nommé Magdalena.

Caonabo, comme on pouvait s'y attendre, profita de l'occasion pour essayer de détruire le fort de Saint-Thomas, construit au beau milieu de ses États; mais il avait affaire à forte partie, car, si le fort ne comptait que cinquante défenseurs, ces cinquante hommes étaient commandés par Ojeda. A la tête de dix mille guerriers armés de massues, d'arcs et de flèches, et de lances durcies au feu, Caonabo s'approcha secrètement à travers les forêts, pensant surprendre Ojeda; mais il le trouva sur ses gardes, dans sa forteresse bâtie sur une colline et presque entourée par une rivière. Caonabo le tint bloqué pendant trente jours et le réduisit à une grande détresse. Ojeda multipliait les sorties et lui tuait beaucoup de monde; un grand nombre d'Indiens, dégoûtés de l'entreprise, se retirèrent. Caonabo finit par lever le siège, rempli d'admiration pour la belle défense d'Ojeda.

C'est alors qu'il eut l'idée de former une ligue des caciques de l'île pour surprendre Isabella et massacrer les Espagnols partout où on en rencontrerait. Les excès des hommes blancs avaient répandu la haine de leur nom même dans les parties de l'île où ils n'avaient pas encore pénétré. Tous les caciques entrèrent donc dans la ligue, sauf Guacanagari, qui entretenait cent Espagnols sur son territoire et fournissait à tous leurs besoins avec sa générosité habituelle. Cet attachement pour les étrangers lui attira la haine de ses compatriotes, et les autres caciques lui firent tout le mal qu'ils purent. Rien n'ébranla sa fidélité, et comme son territoire avoisinait Isabella, les conjurés ne purent rien tenter contre cette ville, du moins pour le moment.

Au retour de Colomb, Guacanagari lui rendit visite. Il lui révéla tous les desseins des caciques confédérés et lui offrit de mettre ses sujets en campagne pour combattre aux côtés des Espagnols. Cette conduite de Guacanagari combla de joie l'âme généreuse de Colomb, en dissipant tous les soupçons dont son fidèle ami avait été l'objet.

Trop souffrant encore pour conduire une expédition en personne et ne pouvant compter ni sur don Diego, qui n'était pas un soldat, ni sur son frère Barthélemi, qui était encore un étranger parmi les Espagnols et que l'on regardait avec jalousie, il résolut d'attaquer les Indiens en détail et de détacher de la ligue tous ceux à qui l'on pourrait faire entendre raison.

Il commença par envoyer quelques troupes contre Guatiguana, le cacique de la Grande Rivière, et le força à lever le siège du fort Magdalena. On dévasta son territoire, on lui tua du monde, et il fut forcé de prendre la fuite. Comme il était tributaire de Guarionex, souverain de la Grande Plaine, on expliqua à ce dernier que l'on avait entendu punir Guatiguana et non pas l'attaquer lui-même. Guarionex comprit les raisons des Espagnols et accepta leur amitié. Pour le lier plus étroitement, Colomb le décida à donner sa fille en mariage à un Lucayen converti, celui qui avait reçu au baptême le nom de Diego Colon et qui était tout dévoué aux Espagnols. Guarionex permit même à ses nouveaux alliés de bâtir au milieu de son territoire le fort de la Conception.

Après ce premier succès, Colomb se trouva en présence d'une grave difficulté. Comment avoir raison de Caonabo? Il eût été dangereux de l'aller chercher dans ses forêts et dans ses montagnes; et cependant, tant qu'il serait libre de ses mouvements, on pouvait être sûr qu'il machinerait quelque chose contre les établissements espagnols et qu'il serait impossible d'exploiter les mines. Ce fut Alonso de Ojeda qui tira Colomb d'embarras. Il s'engagea à amener Caonabo à Isabella soit comme ami, soit comme prisonnier.

Choisissant dix compagnons hardis et déterminés, bien armés et bien montés, et invoquant, comme il le faisait en toute circonstance, la Vierge sa patronne, Ojeda s'engagea dans la forêt et, après avoir fait soixante lieues à travers le territoire du cacique, se présenta hardiment devant lui, au milieu d'un de ses villages les plus populeux, se donnant la qualité d'ambassadeur de l'amiral. Caonabo le reçut fort bien, ayant de l'estime et de l'admiration pour sa personne depuis qu'il s'était mesuré avec lui. D'ailleurs Ojeda avait tout ce qui peut charmer un sauvage : il était fort, agile et d'une adresse surprenante à tous les exercices du corps. Il usa de son influence pour décider le cacique à venir à Isabella et à entrer en arrangement avec l'amiral, lui promettant, dit-on, de lui donner la cloche de la chapelle. Cette cloche faisait l'admiration de l'île tout entière. Les Indiens, ayant remarqué que quand elle sonnait tous les Espagnols se rendaient à la chapelle ou tout au moins se découvraient, pensèrent que cette cloche possédait une influence mystérieuse, qu'elle était venue de Turey, c'est-à-dire des cieux, et que c'était le zemi des hommes blancs ; en un mot qu'elle leur parlait et leur donnait des ordres. Caonabo depuis longtemps désirait voir cette cloche ; quand on la lui offrit comme présent de paix, il ne put résister à la tentation et partit tout de suite pour Isabella.

Mais il partit avec une force imposante, et Ojeda, qui craignait quelque sinistre dessein de sa part, eut recours à un stratagème tellement romanesque, qu'on serait tenté de le prendre pour une fable, si tous les historiens contemporains ne s'accordaient à le raconter et s'il n'était en rapport avec le caractère extravagant de l'homme et les habitudes singulières de la guerre indienne.

Pendant une halte que fit l'armée au bord de la rivière Yegua, Ojeda produisit une paire de menottes en acier si bien poli, qu'on aurait cru qu'elles étaient en argent. Il assura à Caonabo que c'était un ornement porté par les monarques castillans dans les grandes fêtes et qu'il était chargé de lui en faire présent. Il lui proposa donc de se baigner dans la rivière, après quoi il serait décoré de cet ornement et ramené sur le cheval d'Ojeda, comme un monarque espagnol, pour étonner ses sujets. La cacique fut séduit par l'éclat des menottes et surtout par l'idée de monter un de ces terribles animaux, si redoutés de ses compatriotes. Il se baigna dans la rivière, et quand il fut monté derrière Ojeda, on lui ajusta les menottes.

Les Espagnols alors passèrent à bride abattue à travers les sauvages stupéfaits et disparurent dans la forêt. Tirant leurs épées, ils entourèrent Caonabo et le menacèrent de le tuer s'il faisait le moindre bruit ou opposait la moindre résistance. On l'attacha à Ojeda avec des cordes, et après un long et périlleux voyage la petite troupe rentra en triomphe à Isabella.

Caonabo, dans son malheur, montra une grande constance et une grande fierté. Au lieu de chercher à désarmer la sévérité de Colomb par des prières, il se vanta hautement de tout le mal qu'il avait fait aux Espagnols et de tout celui qu'il avait désiré leur faire. Jamais il ne montra la moindre animosité contre Ojeda; au contraire il admirait hautement sa hardiesse et sa ruse. Un jour que Colomb était entré dans sa prison, tous les assistants se levèrent sans que Caonabo daignât montrer le moindre respect. Ojeda étant entré sur ces entrefaites, il se leva respectueusement, le considérant comme son maître en fait de ruse et de hardiesse.

Colomb retint Caonabo en prison, en attendant qu'il pût l'expédier en Espagne; du reste il le traita avec les plus grands égards. Un des frères de Caonabo rassembla une armée, dans l'intention d'attaquer le fort Saint-Thomas pour faire des prisonniers et les échanger contre son frère; Ojeda, prévenu à temps, se mit à la tête d'une petite troupe de cavaliers, fondit sur lui à l'improviste et le fit prisonnier.

CHAPITRE XXVI

Bataille de la Vega ou de la Plaine. — Les indigènes sont astreints à un tribut.

(1494)

Sur ces entrefaites, l'arrivée de quatre vaisseaux commandés par Antonio Torrès répandit dans la colonie une joie universelle. En effet, sur ces vaisseaux il y avait un médecin, un apothicaire, des ouvriers de différents métiers, des meuniers, des laboureurs, et surtout une grande quantité de provisions. Colomb, pour sa part, reçut des souverains la lettre la plus flatteuse. Ils approuvaient tout ce qu'il avait fait, lui annonçaient que toutes les difficultés avec le Portugal s'étaient arrangées à l'amiable, et l'invitaient soit à revenir en Espagne avec toutes ses cartes, soit à envoyer une personne de confiance à sa place pour assister à la délimitation des découvertes des deux puissances. Colomb envoya son frère Diego, non seulement pour assister à la conférence, mais encore pour confondre tous ses calomniateurs, y compris Margarite et le frère Boyle. Il expédia par le retour des navires tout l'or qu'il put amasser, des échantillons de fruits et de plantes précieuses, et malheureusement aussi cinq cents prisonniers indiens destinés à être vendus comme esclaves à Séville.

Colomb fut avisé par Guacanagari que les caciques coalisés, ayant à leur tête Manicaotex, frère et successeur de Caonabo, avaient réuni leurs forces dans la plaine, à deux jours de marche d'Isabella, et se préparaient à attaquer la colonie. L'amiral résolut aussitôt de porter la guerre sur le territoire de ses ennemis, au lieu d'attendre leur attaque. A cause des maladies qui continuaient de régner, il n'avait à sa disposition que deux cents fantassins, vingt cavaliers et vingt limiers : ces animaux faisaient beaucoup de mal aux Indiens. Guacanagari rompit le dernier lien qui pouvait le rattacher encore à ses compatriotes en joignant ses troupes à celles des Espagnols.

Ce fut le 27 mars 1495 que Colomb sortit d'Isabella, accompagné de son frère l'adelantado. Il marcha rapidement contre les ennemis, qui étaient assemblés en grand nombre dans la Vega ou Plaine. Grâce aux combinaisons de l'adelantado, à une charge impétueuse de Ojeda et à l'intervention des limiers, les ennemis furent mis en déroute. Il y eut beaucoup de morts, beaucoup de prisonniers, et la confédération fut disloquée pour un temps.

Quoique Guacanagari eût été plutôt spectateur qu'acteur pendant la bataille, les autres caciques ne lui pardonnèrent jamais d'avoir pris parti pour les blancs.

Colomb, profitant de ses avantages, fit une promenade militaire à travers l'île et soumit plusieurs districts. Exerçant alors ce qu'il considérait comme son droit de vainqueur, il imposa des tributs aux provinces vaincues. Dans les districts où il y avait des mines, tout indigène âgé de plus de quatorze ans fut tenu d'apporter tous les trois mois la quantité de poudre d'or que pouvait contenir un grelot flamand, c'est-à-dire environ quinze dollars d'à présent. Le tribut des caciques était beaucoup plus lourd. Dans les districts où il n'y avait pas d'or, les Indiens fournissaient tous les trois mois vingt-cinq livres de coton par tête. Pour assurer la soumission des Indiens, les Espagnols élevèrent des forts sur les points les plus importants.

L'ère de la servitude commençait pour les pauvres Indiens;

ils le comprirent et tombèrent dans un sombre désespoir, en se voyant condamnés à une tâche perpétuelle qui deviendrait un travail forcé à des époques fixes et rapprochées les unes des autres. Faibles et indolents par nature, rendus encore plus indolents par la douceur du climat et la richesse du sol, la mort elle-même leur parut préférable à une vie de labeur et d'angoisse. Ils n'avaient plus de goût ni au chant, ni à la danse, et s'il leur arrivait encore, après une journée de fatigue, de se livrer à leur exercice favori, les chants ou *areytos* qui réglaient la mesure de leurs danses étaient toujours d'un caractère triste et mélancolique.

Voyant que les envahisseurs s'implantaient sur le sol, ils eurent recours pour les expulser à un moyen désespéré : ils essayèrent de leur couper les vivres. Ils ravagèrent donc leurs champs de maïs, dépouillèrent les arbres de leurs fruits, arrachèrent le yucca et les autres racines, et s'enfuirent dans les montagnes.

Les Espagnols furent réduits à une grande détresse, mais la mère-patrie leur envoya des provisions. Alors commença la chasse à l'Indien : des milliers de malheureux moururent de faim et de maladie, les autres se livrèrent de désespoir et se soumirent humblement au joug. Les hommes blancs leur inspiraient une telle frayeur, qu'un Espagnol pouvait parcourir l'île, tout seul, sans crainte d'être molesté, et même les Indiens le transportaient sur leurs épaules d'un endroit à un autre.

Malgré les services qu'il avait rendus aux Espagnols, Guacanagari n'échappa pas à la misère commune. On profita d'une absence de Colomb pour lui imposer un tribut comme aux autres. Poursuivi par les murmures de ses sujets et par la haine des autres caciques, il alla se cacher dans les montagnes, où il mourut de honte et de misère.

CHAPITRE XXVII

Arrivée du commissaire Aguado. — Découverte des mines d'or de la Hayna.

(1495)

Le traître Margarite et l'intrigant frère Boyle travaillaient activement à rendre Colomb suspect aux souverains. Ils y réussirent jusqu'à un certain point, comme le prouve une mesure adoptée vers ce temps-là sans qu'on eût pris la peine de le consulter. Il fut permis à tous les sujets espagnols de s'établir à Hispaniola et d'entreprendre à leurs frais des voyages de découvertes et de trafic; les droits de la couronne, il est vrai, et ceux de l'amiral étaient réservés. Néanmoins Colomb ressentit vivement cette espèce d'injure.

Les souverains, en outre, avaient décidé de faire une enquête sur l'état de la colonie et sur la conduite de Colomb; ce fut un certain Juan Aguado que l'on nomma commissaire. Aguado avait déjà fait un voyage à Hispaniola, et à son retour il avait été vivement recommandé à la faveur royale par Colomb lui-même. Peut-être, en le choisissant, les souverains crurent-ils adoucir pour Colomb la rudesse du coup.

Aguado n'avait pas de caractère; la confiance du souverain lui tourna la tête. Il se méconnut, et il méconnut Colomb. Comme l'amiral était absent au moment de son arrivée, il agit comme s'il avait reçu plein pouvoir de le remplacer. Sans égard pour Barthélemi, gouverneur par intérim, il fit arrêter un certain nombre d'officiers publics, demanda à d'autres des comptes rigoureux et se déclara prêt à entendre ceux qui pourraient avoir à se plaindre. Il considérait d'avance Colomb comme un coupable et donnait à entendre que l'amiral n'osait pas paraître devant lui; peut-être même le croyait-il. On parlait déjà ouvertement de la chute de la famille de Colomb, quelques-uns même pensaient que l'amiral serait condamné à mort.

Quant à lui, aussitôt qu'il apprit l'arrivée et les agissements d'Aguado, il s'empressa de revenir. Ceux qui connaissaient son caractère s'attendaient à des scènes d'emportement et de violence. Il sut se contenir, et, par respect pour les souverains, fit un accueil très courtois à Aguado. Le commissaire et bien d'autres prirent cette courtoisie pour une preuve de faiblesse, et les plaintes arrivèrent de toutes parts. Quand Aguado crut avoir des preuves suffisantes, il se prépara à retourner en Espagne. Colomb résolut de l'y suivre pour se défendre en personne.

Une tempête violente retarda leur départ, et pendant que l'on radoubait les navires endommagés, Colomb fut avisé qu'on venait de découvrir de nouvelles mines d'or plus riches que toutes les autres. Le fait se trouva confirmé par l'adelantado lui-même, qui alla les visiter. Ces mines étaient sur les bords d'une rivière que l'on appelait la Hayna. Colomb éprouva la joie la plus vive à la vue des échantillons, car ils lui fournissaient la réponse la plus péremptoire aux chicanes de ses ennemis. Ayant appris que l'on avait constaté des excavations dans le terrain des mines, et sachant d'autre part que les Indiens ne se donnaient jamais la peine de creuser le sol, il pensa qu'Hispaniola était l'Ophir des anciens, et s'imagina avoir découvert les mines exploitées par Salomon. Il donna ordre aussitôt d'élever un fort dans le voisinage des mines et de les exploiter sans délai. Maintenant il pouvait partir pour l'Espagne en toute confiance.

CHAPITRE XXVIII

Retour de Colomb en Espagne. — Préparatifs pour un troisième voyage. (1496)

Quand les caravelles furent prêtes, Colomb délégua, pour gouverner l'île en son absence, son frère Barthélemi, avec le titre d'adelantado, et s'embarqua sur une des caravelles et Aguado sur l'autre. Les navires portaient deux cent vingt-six passagers; c'étaient les malades, les paresseux, les vauriens et les factieux de la colonie. Il y avait aussi trente Indiens, y compris le redoutable Caonabo, un de ses frères et un de ses neveux. L'amiral avait promis de les ramener dans leur pays et de leur rendre le pouvoir quand il les aurait présentés aux souverains. Il comptait sur les bons traitements et sur la vue des merveilles de l'Espagne pour triompher de leur hostilité et les transformer en agents de civilisation.

Comme il ne connaissait pas encore bien la navigation de ces mers, Colomb, au lieu de remonter au nord pour profiter des vents d'ouest, cingla droit vers l'est. Aussi sa marche fut-elle d'abord contrariée par les moussons et par les calmes. Parti le 10 mars, il était encore, à la date du 6 avril, dans le voisinage des îles Caraïbes, et fut forcé de relâcher à la Guadeloupe pour se procurer des provisions. Les indigènes se montrèrent hostiles; il fallut en venir aux mains, et les Espagnols firent un certain nombre de prisonniers. En quittant l'île, Colomb rendit la liberté aux prisonniers et leur fit des présents. Seule une femme caraïbe refusa de suivre ses compagnons. Ayant su que Caonabo était Caraïbe et ayant entendu raconter ses exploits, elle s'était attachée à lui, et refusa de le quitter; mais le pauvre Caonabo mourut de chagrin pendant la traversée.

C'était le 20 avril que Colomb avait quitté la Guadeloupe; le 20 mai, les provisions étant presque épuisées, il fallut réduire les rations à six onces de pain par homme et à une pinte et demie d'eau. Au commencement de juin les vivres étaient sur le point de manquer; plusieurs Espagnols proposaient de tuer et manger les prisonniers ou de les jeter à la mer, comme des bouches inutiles. Colomb dut user de toute son autorité pour empêcher l'exécution d'un projet aussi barbare. Il demanda seulement un peu de patience à ses hommes, leur assurant que la terre était proche. Dès le lendemain ils virent qu'il ne s'était pas trompé.

Le 11 juin, les navires jetèrent l'ancre dans la baie de Cadix. La foule accourut pour voir débarquer les hardis aventuriers que l'on supposait chargés des dépouilles du nouveau monde; mais les hardis aventuriers étaient dans l'état le plus misérable, et la foule fut cruellement désappointée.

Soit que Colomb se crût en disgrâce, soit qu'il eût fait quelque vœu, il se montra en froc de franciscain, la barbe longue et la taille ceinte d'une corde.

Contre son attente, les souverains l'accueillirent avec une faveur marquée : il ne fut question ni des plaintes de Margarite et de Boyle, ni de l'enquête d'Aguado.

Profitant de leur bonne volonté, il demanda seulement huit navires pour continuer ses voyages de découvertes. Les souverains lui promirent ce qu'il demandait. Malheureusement les ressources de l'Espagne avaient été fort réduites par l'ambition de Ferdinand, qui convoitait le royaume de Naples et songeait à marier avantageusement ses enfants. Il y réussit; d'ailleurs, par suite du succès de ses démarches, son petit-fils et son successeur Charles-Quint se trouva maître d'un immense empire.

Ce fut seulement au printemps de 1497 qu'Isabelle trouva le loisir nécessaire pour s'occuper sérieusement des affaires du nouveau monde. C'est à elle seule que doit revenir l'honneur de la troisième expédition, car Ferdinand s'était refroidi à l'égard de Colomb, et Fonseca le contrecarrait de tout son pouvoir.

Comme les frais jusque-là dépassaient les bénéfices, Colomb fut dispensé du huitième des dépenses déjà faites; il eut pour les trois années suivantes un huitième des recettes brutes et un dixième des bénéfices nets. Autorisé à créer un majorat dans sa famille, il usa de ce droit immédiatement, disposant de ses biens en faveur de ses descendants mâles, avec recommandation expresse à son successeur de ne pas prendre d'autre titre, en signant, que celui-ci : « l'amiral ». L'autorisation générale accordée en 1495 à quiconque voudrait entreprendre des découvertes fut annulée en tout ce qui pouvait être contraire aux intérêts de Colomb et aux privilèges que la couronne lui avait accordés précédemment. Don Barthélemi fut confirmé dans son titre d'adelantado, quoique le roi eût éprouvé du mécontentement de voir Colomb conférer à son frère des dignités que le souverain seul avait le droit d'accorder.

Voilà ce que l'on fit, sous l'influence d'Isabelle, pour complaire à Colomb. On prit aussi des mesures pour le bien de la colonie. On détermina le nombre des personnes qui pouvaient être envoyées à Hispaniola, et dans ce nombre on admit plusieurs femmes. On régla le mode de distribution des terres. Isabelle s'occupa avec le plus grand soin de l'instruction des insulaires et exigea que l'on usât de la plus grande douceur dans la perception des tributs; sauf les cas de nécessité absolue, le gouvernement de l'île devait être indulgent et paternel.

Quand l'expédition fut prête, la difficulté fut de trouver des émigrants; car désormais le public était prévenu contre le nouveau monde, où l'on travaillait pour vivre misérablement et non pour s'enrichir. Colomb proposa de transporter à Hispaniola, pour un certain nombre d'années, les criminels condamnés au bannissement ou aux galères, à l'exception de ceux qui avaient commis des crimes atroces. Cette mesure déplorable fut une cause de malheurs et de désastres pour la colonie.

Au commencement de 1498 seulement, deux navires sur huit furent expédiés pour ravitailler la colonie, sous les ordres de Pedro Fernandez Coronal.

Les six autres attendirent si longtemps, par suite de la mauvaise volonté de Fonseca, que Colomb fut un moment sur le point de renoncer pour toujours aux découvertes.

Au moment où il s'embarquait enfin, une des créatures de Fonseca, un certain Ximeno de Breviesca, juif ou maure converti, le traita publiquement avec la dernière insolence. Poussé à bout, Colomb s'oublia jusqu'à le frapper du pied. Cet incident fut habilement exploité par Fonseca : un homme capable de frapper publiquement un officier royal ne pouvait être qu'un homme vindicatif, et l'on pouvait donner créance à tout ce qui se disait de ses abus de pouvoir et de ses mesures oppressives dans la colonie. Redevenu maître de lui, Colomb comprit quelle faute il avait commise. Dans une de ses lettres il fait allusion à cette affaire et prie les souverains de ne pas le condamner sans l'entendre, et de vouloir bien considérer qu'il est « absent, étranger et qu'il a des envieux ».

CHAPITRE XXIX

Découverte de la Trinité et de la côte de Paria. — Arrivée à Hispaniola.

(1498)

Colomb, parti le 30 mai 1498, prit une autre route que dans ses deux voyages précédents. On lui avait dit que l'or, les pierres précieuses, les drogues et les épices se trouvaient surtout dans le voisinage de l'équateur. Il se souvenait, d'ailleurs, que les naturels d'Hispaniola lui avaient parlé d'hommes noirs qui venaient du sud et dont les javelines avaient des têtes de guanin (or altéré).

Arrivé aux Canaries, il dépêcha trois de ses navires directement à Hispaniola, pour ravitailler la colonie. Avec les trois autres il se rendit aux îles du Cap-Vert et de là se dirigea au sud-ouest, pour gagner la ligne équinoxiale et naviguer ensuite tout droit vers l'ouest, en profitant des moussons.

Son navire était entièrement ponté, les deux autres étaient des caravelles marchandes. Dans la région des tropiques l'air devint si lourd et si brûlant, que Colomb eut une violente attaque de goutte accompagnée de fièvre. Il n'en continua pas moins à faire ses observations avec sa vigilance et son exactitude ordinaires.

Au cinquième degré de latitude nord, le vent tomba subitement. L'air était aussi brûlant que celui d'une fournaise : le goudron fondait au flanc des navires, il se produisait des fentes, les salaisons pourrissaient, le blé semblait avoir été grillé au feu; plusieurs tonneaux de vin éclatèrent et l'atmosphère de la cale était si suffocante, que l'on ne pouvait y pénétrer. Les marins tombèrent dans l'abattement; il semblait que la vieille fable de la zone torride fût devenue une réalité. Le ciel eut beau se couvrir et la pluie tomber, l'air n'en était pas moins étouffant, et il se produisit alors cette combinaison de chaleur et d'humidité qui relâche toute l'énergie et détend tous les ressorts du corps humain.

Colomb fut forcé de remonter vers le nord-ouest. Après de terribles épreuves, l'expédition arriva dans une région où le ciel était clair et serein et où le soleil brillait de tout son éclat sans répandre une chaleur torride. Le 31 juillet, l'eau allait manquer, lorsqu'un matelot, Alonzo Perez, signala trois montagnes. En approchant, Colomb constata que les trois montagnes étaient unies à leur base et donna à l'île le nom qu'elle porte encore : la Trinité.

En côtoyant l'île, il aperçut une terre qui s'étendait à plus de vingt lieues au sud. C'était la partie du continent que coupent les nombreuses branches de l'Orénoque. Supposant que cette terre était aussi une île, il l'appela la Isla-Santa (l'Ile Sainte). Pour la première fois, sans s'en douter, il apercevait la terre ferme, objet de toutes ses recherches.

Près de Point-Arenal, entre la Trinité et le continent, il faillit perdre ses ancres et être jeté à la côte par un brusque mouvement de la mer, qui se gonfla subitement. On suppose que ce phénomène fut produit par le débordement d'une des rivières qui se jettent dans le golfe de Paria. Il aborda à la partie intérieure du long promontoire de Paria, qu'il prit pour une île. Les naturels lui procurèrent une grande quantité de perles, la plupart très grosses et d'une belle qualité.

Étonné de l'énorme quantité d'eau douce qui s'épanchait dans le golfe de Paria, Colomb en conclut à l'existence d'un grand fleuve qui ne pouvait être alimenté que par un continent. Il supposa donc que les différentes terres qu'il avait reconnues autour du golfe étaient reliées entre elles et s'étendaient au sud, bien au-dessous de l'équateur. Comme le climat était doux et tempéré, le pays couvert d'une fraîche verdure, les naturels plus beaux non seulement que les nègres d'Afrique qui habitent la même latitude, mais encore que les autres Indiens, il conclut de toutes ces différences que cette partie du monde était plus élevée que tout le reste. De déduction en déduction, il en vint à croire que les philosophes s'étaient trompés sur la forme de la terre : au lieu d'être une sphère parfaite, c'était une sorte de poire qui avait une de ses parties plus renflée que toutes les autres, élevée dans les régions les plus pures de l'air, au-dessus de la chaleur torride, du froid et des tempêtes.

Il pensa que cette partie élevée se trouvait aux environs de la ligne équinoxiale, dans l'intérieur de ce continent qu'il considérait toujours comme l'extrémité de l'Asie. Sur le sommet de cette éminence devait se trouver le paradis terrestre ; le grand cours d'eau qui se jetait dans le golfe de Paria sortait de la fontaine de l'arbre de vie, au milieu du jardin de l'Éden.

Cette conception, qui aujourd'hui nous semble si bizarre, était cependant fondée sur les écrits des hommes les plus sages et les plus instruits de l'époque ; car on avait longuement discuté sur la situation du paradis terrestre, et beaucoup d'écrivains soutenaient qu'il était sur une montagne au fond de l'Orient.

Colomb, on le conçoit facilement, devait être impatient de poursuivre ses recherches ; mais ses provisions étaient épuisées et celles qu'il apportait à la colonie risquaient de se gâter ; d'ailleurs, outre qu'il souffrait toujours de sa goutte, il avait les yeux si malades qu'il n'y voyait presque plus. Il se décida à regagner Hispaniola pour se reposer de ses fatigues, pendant que son frère l'adelantado irait compléter son importante découverte.

CHAPITRE XXX

Administration de l'adelantado.

Après le départ de Colomb pour l'Europe, en mars 1496, son frère don Barthélemi s'était aussitôt mis à l'œuvre pour exécuter ses ordres relativement aux mines d'or de la Hayna. Il construisit dans le voisinage un premier fort qu'il appela San-Cristoval et un second, à quelque distance, sur la rive est de l'Ozema. Le dernier, qu'il appela San-Domingo, donna naissance à la ville qui porte encore le même nom.

Ayant mis garnison dans ces forts et pris des arrangements pour l'exploitation des mines, l'infatigable adelantado s'en alla visiter le pays du cacique Behechio, qui n'avait pas encore fait sa soumission. Behechio prit les armes pour repousser les hommes blancs. Mais sur les conseils de sa sœur, la belle Anacaona, veuve du redoutable Caonabo, il entra en arrangements avec les Espagnols et s'engagea à payer un tribut périodique de coton, de chanvre et de pain de cassave.

De retour à Isabella, don Barthélemi trouva la colonie dans une grande détresse, par suite des maladies et du manque de provisions. Tous ceux qui étaient trop faibles pour travailler et pour porter les armes, il les distribua dans l'intérieur de l'île, où ils seraient en meilleur air et trouveraient une nourriture plus abondante; en même temps il relia Isabella et San-Domingo par une chaîne de forts. Plusieurs fois les habitants de la Vega se soulevèrent, poussés à bout par la nécessité de payer tribut, par les outrages de quelques Espagnols et par le châtiment sévère infligé à quelques Indiens, accusés d'avoir violé une chapelle.

Guarionex, quoique doux et pacifique par nature, s'unit aux autres caciques, avec l'intention de surprendre les Espagnols, de les massacrer et de détruire le fort de la Conception, situé dans la Vega. La garnison eut vent de ce complot, et le commandant écrivit à l'adelantado pour lui demander du secours. Un Indien dévoué aux Espagnols porta la lettre, cachée dans un bâton.

L'adelantado, avec sa promptitude habituelle, se mit aussitôt en campagne, surprit les conjurés et les fit prisonniers; il prit Guarionex de sa propre main. Il fit mettre à mort les caciques qui étaient à la tête de l'insurrection et pardonna aux autres. Ayant appris que si Guarionex avait pris les armes, c'était surtout parce qu'un Espagnol avait outragé sa femme favorite, il châtia l'Espagnol.

Pendant que l'adelantado réprimait des insurrections et prenait de sages mesures dans l'intérêt de la colonie et de la couronne, le feu couvait sous la cendre à Isabella. Un certain Roldan, homme de rien dont Colomb avait fait la fortune parce qu'il le voyait intelligent, actif et énergique, s'était élevé de charge en charge jusqu'à devenir alcalde mayor et à n'avoir plus au-dessus de lui que l'adelantado. Considérant que les frères de Colomb étaient très impopulaires et voyant son bienfaiteur en disgrâce, il résolut d'achever sa ruine et celle de ses frères, afin de devenir lui-même gouverneur de la colonie.

Envoyé comme alcalde mayor pour effrayer les Indiens de la Vega, Roldan profita de l'occasion pour organiser une faction armée. A la tête de soixante-dix hommes résolus à le suivre partout, il s'aboucha avec les caciques mécontents et gagna leur amitié en leur promettant de les faire exempter du tribut. Alors il jeta le masque et refusa de reconnaître l'autorité des frères de Colomb, sous prétexte qu'ils la tenaient de leur frère et non de la couronne. Quant à lui, il prétendait agir en vertu des pouvoirs officiels que lui conférait sa charge, et tous ses actes de rébellion s'accomplissaient aux cris de « Vive le roi » ! Il se mit en campagne dans la Vega, pour s'emparer du fort de la Conception. Mais le commandant, Miguel Ballester, était un vieux et loyal soldat qui sut le tenir à distance en attendant du secours.

La conspiration avait pris des proportions formidables; plusieurs personnages importants s'étaient déclarés pour les rebelles. L'adelantado surpris n'agit pas avec sa décision habituelle. Cependant il courut au plus pressé, et avec ce qu'il avait d'hommes sous la main il alla s'enfermer avec Miguel Ballester dans le fort de la Conception. Les Indiens cessèrent aussitôt de payer le tribut; quant à Roldan, il tenait insolemment la campagne, pendant que les Espagnols demeurés fidèles se mettaient à l'abri sous le canon du fort.

L'adelantado se trouvait dans une situation presque désespérée, lorsque Pedro Hernandez Coronal arriva d'Espagne au port San-Domingo avec des troupes et des provisions. Comme le roi confirmait don Barthélemi dans sa dignité d'adelantado, il ne fut plus possible de lui contester la légitimité de son titre, et il se crut désormais assuré de la fidélité des troupes. Les rebelles, de leur côté, furent consternés en apprenant que Colomb était en grande faveur à la cour et qu'il allait arriver avec une puissante escadre.

L'adelantado eut la générosité de promettre à Roldan et aux siens un oubli complet du passé, s'ils faisaient leur soumission immédiatement. Roldan refusa de se soumettre, sinon à l'amiral quand il serait de retour. Pour soustraire ses complices à la tentation de traiter avec l'adelantado, il leur proposa de se retirer dans la province de Xaragua, leur promettant un genre de vie capable de tenter ces hommes aussi paresseux que dissolus.

Presque aussitôt après le départ des rebelles, de nouvelles insurrections éclatèrent dans la Vega. Guarionex, oubliant le généreux pardon de don Barthélemi, entra, sur les instigations de Roïdan, dans une nouvelle ligue qui avait pour but de massacrer les Espagnols et de surprendre le fort de la Conception. Le complot avorta. Guarionex, apprenant que l'adelantado marchait contre lui, se réfugia dans les montagnes de Ciguay, auprès de Mayonabex. L'adelantado l'y poursuivit, et somma Mayonabex de livrer le fugitif; Mayonabex refusa avec indignation de trahir son hôte. Pendant trois mois, les Espagnols traquèrent les deux caciques. A la fin, Mayonabex fut surpris par douze Espagnols déguisés en Indiens, et l'adelantado revint au fort de la Conception avec un grand nombre de prisonniers. Il les relâcha tous, sauf le cacique, qu'il garda comme otage. Le malheureux Guarionex continua pendant quelque temps de mener une vie errante et misérable; à la fin, il fut surpris à son tour, et amené au fort de la Conception, chargé de chaînes. L'adelantado, qui n'était ni vindicatif, ni cruel, lui fit grâce de la vie, et se contenta de le retenir prisonnier pour assurer la tranquillité de la Vega. Peu après la prise de Guarionex, il retourna à San-Domingo; c'est là qu'il eut le bonheur de revoir son frère l'amiral, après une séparation de deux ans et demi.

CHAPITRE XXXI

Rébellion de Roldan.

(1498.)

Un des premiers actes de Colomb à son arrivée fut de publier une proclamation pour approuver tout ce que l'adelantado avait fait, et pour déclarer traîtres Roldan et ses complices. Ce personnage turbulent avait gagné le Xaragua, où il avait été fort bien accueilli par les indigènes. Un heureux hasard lui donna de nouveaux partisans et accrut ses ressources ; les trois caravelles que Colomb avait expédiées des îles Canaries, après de longs retards, arrivèrent en vue de la côte de Xaragua. Roldan se donna pour le commandant militaire de cette partie de l'île et se fit livrer des armes et des munitions. Il ne manqua pas non plus de se faire des partisans parmi les vagabonds et les malfaiteurs que Colomb avait eu le tort de faire embarquer. Le troisième jour seulement, Alonso Sanchez de Carvajal, le plus intelligent des trois capitaines, découvrit à qui il avait affaire, mais le mal était fait.

Comme les vents étaient contraires, les capitaines résolurent d'envoyer une partie de leur monde à San-Domingo par terre, sous la conduite de Juan Antonio Colomb, un des parents de l'amiral. Juan Antonio débarqua avec quarante hommes bien armés ; tous, sauf huit, désertèrent et passèrent aux rebelles. Juan Antonio revint à bord ; pour éviter de nouvelles désertions, les capitaines gagnèrent le large. Carvajal, cependant, se fit descendre à terre, et s'aboucha avec les rebelles, dans l'espoir de les ramener. Ils avaient été certainement ébranlés en apprenant que Colomb était sur le point d'arriver. Cependant Carvajal ne put rien obtenir pour le moment; Roldan promit seulement de s'aboucher avec Colomb quand il serait à San-Domingo, et il lui adressa même une lettre en ce sens.

Les rebelles cependant commençaient à s'attrouper dans le village de Bonao, à vingt lieues de San-Domingo, à dix du fort de la Conception.

Colomb écrivit aussitôt à Miguel Ballester de se tenir sur ses gardes. Il l'autorisait à avoir une entrevue avec Roldan, et à lui offrir son pardon à condition qu'il rentrerait immédiatement dans le devoir; il l'inviterait à se rendre près de l'amiral, à San-Domingo, pour s'entendre avec lui. En même temps, pour débarrasser la colonie des mécontents, il fit mettre cinq navires à la disposition de tous ceux qui désireraient retourner en Espagne.

Les rebelles accueillirent Ballester avec respect, mais ils refusèrent le pardon qu'on leur offrait, firent des demandes inacceptables, et déclarèrent au surplus qu'ils n'accepteraient d'autre médiateur que Carvajal.

Il n'y avait pas d'autre réponse à faire à ces insolentes prétentions que d'entrer en campagne; mais Colomb n'était pas sûr des troupes : il fut donc réduit à l'humiliante nécessité de temporiser. Son premier soin fut d'expédier les cinq navires qu'il avait retenus au port, en attendant la réponse de Roldan. Prévoyant quelque mouvement, il voulait renvoyer en Espagne le plus grand nombre possible de mécontents. Il écrivit pour les souverains une description pleine d'enthousiasme du continent qu'il venait de découvrir, et leur envoya une carte et des échantillons des perles qu'il avait reçues des indigènes.

En même temps, il parlait de la rébellion de Roldan, et comme ce dernier prétendait n'avoir affaire qu'à l'adelantado, il priait Leurs Majestés de faire examiner le différend par des personnes amies des deux parties. Il demanda aussi avec beaucoup de raison un homme de loi, instruit et expérimenté, pour être juge suprême de l'île.

Roldan et les siens écrivirent de leur côté, renouvelant contre Colomb et contre ses frères toutes les calomnies dont on les avait déjà chargés.

Comme les rebelles accusaient son frère d'être trop sévère, Colomb résolut de se montrer aussi indulgent que possible; il écrivit donc à Roldan, pour lui renouveler sa proposition d'accommodement, et chargea Carvajal de lui remettre la lettre en mains propres.

Cette négociation pénible et humiliante pour l'amiral dura pendant plusieurs jours. Cependant Miguel Ballester écrivait à Colomb que le danger croissait d'heure en heure, que les soldats de la garnison désertaient tous les jours et qu'il ferait bien de s'arranger à tout prix avec Roldan; sinon, ce ne serait pas seulement son autorité, mais encore sa vie qui serait en danger. Colomb céda à la nécessité, et conclut l'arrangement suivant :

Roldan et les siens s'embarqueraient pour l'Espagne au port de Xaragua, sur deux navires qui seraient armés et approvisionnés dans l'espace de cinquante jours; chacun d'eux recevrait de l'amiral un certificat de bonne conduite et un bon pour le payement de l'arriéré de leur solde jusqu'au présent jour; on leur donnerait des esclaves comme aux autres colons; ceux qui avaient épousé des femmes de l'île pourraient les emmener comme esclaves; une indemnité serait allouée à ceux qui avaient des biens sous séquestre. C'était assurément un grand chagrin pour Colomb de voir les vaisseaux qui auraient dû servir à son frère pour l'exploration des pays nouvellement découverts, employés à transporter cette turbulente et misérable canaille; mais il se consolait en pensant que, les rebelles une fois partis, l'île serait tranquille.

Il y eut des retards inévitables dans l'armement des vaisseaux, et quand ils furent prêts, ils eurent à souffrir de la tempête, en allant de San-Domingo à Xaragua. Comme les vaisseaux arrivaient avec des avaries, et après le délai fixé, les rebelles refusèrent de s'embarquer, sous prétexte que le retard était intentionnel, que les navires étaient mal approvisionnés et hors d'état de tenir la mer. Il fallut entamer de nouvelles négociations. Au fond, Roldan avait peur de retourner en Espagne, et les autres ne voulaient pas renoncer à leur vie déréglée et licencieuse.

Sur ces entrefaites, Colomb recevait d'Espagne une lettre assez sèche, où son ennemi Fonseca lui disait que ses plaintes à propos de la prétendue rébellion étaient arrivées à leur adresse, mais que l'affaire demeurerait provisoirement en suspens, et que les souverains feraient prochainement une enquête et prendraient les mesures nécessaires. Cette lettre était de nature à décourager Colomb et à accroître l'insolence des rebelles. Néanmoins, décidé à achever ses découvertes, et à demeurer quand même fidèle à ses souverains, il résolut de faire tous les sacrifices d'amour-propre et d'intérêt. Vers la fin d'août, il partit avec deux caravelles et quelques-uns des plus importants personnages de la colonie, pour le port d'Azna où il devait avoir une entrevue avec Roldan. Roldan parla non pas comme un coupable qui demande pardon, mais comme un vainqueur qui dicte ses conditions. Par exemple il demanda des terres pour ceux de ses compagnons qui voudraient rester dans l'île, et exigea d'être rétabli dans sa charge d'alcalde mayor ou juge suprême. Entouré d'ennemis, désavoué par ceux qu'il mettait tout son zèle à servir, craignant de voir ceux qui lui restaient encore passer à l'ennemi, Colomb signa une humiliante capitulation, avec l'arrière-pensée de prouver à ses souverains qu'il avait eu la main forcée.

Non seulement il eut à subir les insolences de Roldan et

des siens, mais encore il dut leur distribuer des terres, soit à Bonao, soit en différents endroits de la Vega. Il fit aussi avec les caciques de leur voisinage un arrangement en vertu duquel, au lieu de payer tribut, ils leur fourniraient, à certaines époques déterminées, un certain nombre de leurs sujets pour cultiver leurs terres; c'était une sorte de service féodal, qui fut l'origine des *repartimientos*, ou distributions d'Indiens libres entre les colons. Roldan, en ce qui le concernait personnellement, se montra d'une exigence extrême.

Un de ses premiers actes, comme alcalde mayor, fut de nommer alcalde de Bonao un de ses complices les plus actifs, Pedro Reguelme. Sous prétexte de bâtir une ferme, Pedro Reguelme se mit à construire une véritable forteresse; mais l'amiral lui ordonna péremptoirement de ne pas achever la construction de cet édifice.

Colomb aurait bien voulu aller en Espagne pour se défendre en personne, mais l'état de malaise de la colonie réclamait impérieusement sa présence. Du moins il eut soin de faire savoir aux souverains que sa capitulation n'engageait nullement la couronne, ayant été extorquée par force. Il demanda pour la seconde fois un homme de loi instruit pour exercer les fonctions de juge; il réclamait aussi des personnes capables de former un conseil, et d'autres pour les emplois fiscaux. Il stipulait d'ailleurs que les offices de chacun seraient fixés et limités de façon à ne point empiéter sur ses dignités et privilèges. Se sentant affaibli par l'âge et les infirmités, il songea à se donner un coadjuteur jeune et actif en la personne de son fils Diego, qui lui succèderait dans ses charges; il pria donc les souverains de le lui envoyer.

CHAPITRE XXXII

Ojeda visite l'extrémité occidentale de l'île. — Conspiration de Moxica.

(1499.)

A peu près vers cette époque, Colomb apprit que quatre navires avaient jeté l'ancre à l'ouest de l'île, un peu au-dessous de Jacquemel, probablement pour couper des bois de teinture et enlever des indigènes afin d'en faire des esclaves. Ces vaisseaux étaient sous le commandement de Ojeda. Connaissant le caractère entreprenant et aventureux de l'homme, l'amiral fut troublé de cette visite clandestine. Sommé d'expliquer sa présence en ces parages, Ojeda prétendit qu'à la suite d'un voyage de découvertes il avait été forcé de relâcher en cet endroit pour réparer ses navires et renouveler ses provisions.

Voici la vérité. Se trouvant en Espagne lorsque les souverains reçurent de Colomb le compte rendu de sa découverte de la côte de Paria et les échantillons des perles qu'il envoyait, Ojeda, ami de Fonséca, eut connaissance de la lettre et des cartes de Colomb, et conçut le projet de faire une expédition dans ces parages. Fonseca lui donna une autorisation signée de lui, mais non pas des souverains. Ojeda fréta quatre navires à Séville, et partit avec le fameux Amerigo Vespucci, ce négociant florentin dont le nom est devenu plus tard celui de tout le nouveau monde. Les aventuriers reconnurent le continent méridional, en commençant à deux cents lieues à l'est de l'Orénoque, pour aboutir au golfe de Paria. Guidés par les cartes de Colomb, ils traversèrent le golfe de Paria, franchirent la Gueule du Dragon, et s'avancèrent à l'ouest jusqu'au cap de la Vela, visitant l'île Margarita, le continent voisin, et découvrant le golfe de Vénézuéla. Revenus aux îles Caraïbes, ils y avaient fait des prisonniers, qu'ils comptaient vendre comme esclaves. Des îles Caraïbes, ils étaient venus à Hispaniola pour se ravitailler et embarquer de nouveaux esclaves.

Ojeda assura qu'il irait présenter ses hommages à l'amiral aussitôt que ses navires seraient en état. Mais rien n'était plus loin de son intention. Il se rendit à Xaragua, où les anciens compagnons de Roldan, sachant qu'il y avait de la jalousie entre l'amiral et lui, l'accueillirent avec transport. Ojeda, assuré du concours de Fonseca, proposa à ces gens de marcher à leur tête contre San-Domingo.

Heureusement pour l'amiral, Roldan prit son parti, et finit par contraindre Ojeda à quitter Hispaniola et à aller ailleurs compléter sa cargaison d'esclaves. Les anciens complices de Roldan, qui l'avaient aidé à repousser Ojeda, ne manquèrent pas de faire valoir leur fidélité à la loi et leurs services, et demandèrent une récompense digne de leurs mérites. Se figurant que leur ancien chef disposait de tout dans l'île, ils le requirent de leur partager la belle province de Cahay, voisine de Xaragua. Roldan, n'ayant plus aucun intérêt à violer la loi, affecta d'y conformer sa conduite et refusa de satisfaire leurs désirs sans l'approbation de l'amiral.

Pendant que Roldan séjournait dans la province de Xaragua, il eut à faire face à de nouveaux dangers. Un jeune cavalier de noble naissance, Hernando de Guevara, avait été chassé de San-Domingo à cause de sa conduite scandaleuse; Roldan lui fit bon accueil parce qu'il était cousin d'Adrien de Moxica, un des meneurs de la rébellion dont lui-même avait été le chef. Ayant eu plus tard à se plaindre de lui, il le bannit dans la province de Cahay. Guevara résolut de se venger et forma un complot où entrèrent plusieurs des anciens complices de Roldan. Il s'agissait de l'assassiner, ou tout au moins de lui crever les yeux. Roldan fit arrêter Guevara et ses complices et les envoya prisonniers dans le fort de San-Domingo.

Moxica exaspéré courut à Bonao, l'ancien foyer de la rébellion, et fit appel à ses camarades. Tous prirent le parti de Guevara et de Moxica, y compris Pedro Reguelme, le nouvel alcalde. Cette fois il fut question, non seulement de délivrer Guevara, mais encore de tuer Roldan et l'amiral. Colomb, averti, agit avec une grande énergie : à la tête de six ou sept serviteurs fidèles et de trois écuyers bien armés, il tomba pendant la nuit sur les conspirateurs, saisit Moxica et ses principaux complices et les emmena au fort de la Conception. Pour faire un exemple, il condamna Moxica à être pendu, non sans lui accorder toutefois les secours de la religion. Comme ce misérable faisait traîner sa confession en longueur, dans l'espoir d'être secouru, et accusait les autres au lieu de confesser ses propres péchés, Colomb perdit patience et lefit précipiter du haut des remparts.

Pedro Reguelme, avec plusieurs autres révoltés, fut pris à Bonao et amené à San-Domingo. Les autres se sauvèrent dans la province de Xaragua, où Roldan et l'adelantado les poursuivirent l'épée dans les reins. En peu de temps la conspiration se trouva étouffée.

Colomb songea alors à explorer la côte de Paria et à y établir une pêcherie de perles.

CHAPITRE XXXIII

Intrigues contre Colomb à la cour d'Espagne. — Bobadilla est nommé commissaire. — Son arrivée à San-Domingo.

(1500.)

Pendant que Colomb se débattait au milieu des difficultés et des dangers de toute sorte, ses ennemis s'acharnaient à le perdre dans l'esprit des souverains. Outre les calomnies cent fois rebattues, on l'accusait de méditer une trahison; il songeait, disait-on, à se faire souverain des pays qu'il avait découverts, ou tout au moins à les céder à une autre puissance. Cette accusation était bien faite pour irriter un esprit aussi jaloux que celui de Ferdinand. Fonseca et les autres ennemis de l'amiral ne manquaient pas d'appuyer ses accusateurs et d'affaiblir ses moyens de défense. Quoi! il faisait le tableau le plus pompeux de la richesse d'Hispaniola, il avait retrouvé l'Ophir des anciens, la source des richesses de Salomon, et il ne cessait de mendier des secours! ou bien ses peintures étaient fausses, ou bien il gaspillait les immenses richesses de la colonie.

Les misérables qu'il avait été contraint d'expulser, se pressaient autour du roi quand il sortait à cheval, et le poursuivaient de leurs plaintes et de leurs réclamations.

Un mensonge continuellement répété finit par prévenir les meilleurs esprits. Ferdinand était convaincu que Colomb était coupable; Isabelle commença à douter, sinon de son innocence, du moins de sa capacité comme administrateur.

Ferdinand résolut d'envoyer une personne de confiance pour examiner les affaires de la colonie, et, au besoin, pour en prendre la direction. Toutes les pièces nécessaires étaient prêtes dès l'année 1499. Il est probable que l'intervention d'Isabelle retarda l'effet d'une mesure si injurieuse pour un homme qui lui inspirait tant de gratitude et d'admiration.

L'arrivée des complices de Roldan amena un crise; Ferdinand prêta une oreille favorable à toutes leurs plaintes. Plusieurs d'entre eux, outre les esclaves que Colomb avait été contraint de leur donner, en avaient amené clandestinement un assez grand nombre, parmi lesquels se trouvaient plusieurs filles de caciques; ils prétendirent, pour se justifier, qu'ils les tenaient de Colomb lui-même.

Isabelle, émue et indignée, ne put s'empêcher de s'écrier : « De quel droit l'amiral se permet-il de livrer mes vassaux? » Elle ordonna aussitôt de renvoyer tous ces malheureux dans leur pays; ceux que l'amiral avait précédemment expédiés en Espagne seraient recherchés et rendus pareillement à la liberté. Par malheur pour Colomb, les souverains reçurent à la même époque une lettre de lui où il représentait l'esclavage comme un mal nécessaire, du moins temporairement.

Isabelle fut outrée d'indignation et ne s'opposa plus à l'envoi d'un commissaire, avec pouvoir d'examiner sa conduite, et, au besoin, de prendre sa place.

Le choix du souverain tomba sur don Francisco de Bobadilla, officier de la maison royale et commandeur de l'ordre militaire et religieux de Calatrava. Quelques écrivains le représentent comme un homme très honnête et très pieux; d'autres, probablement avec plus de raison, comme un personnage besoigneux, passionné et ambitieux. Ce n'étaient pas là les qualités d'un juge, surtout si l'on songe que le juge avait tout intérêt à trouver l'accusé coupable.

Bobadilla arriva à San-Domingo le 13 août 1500. L'amiral

et l'adelantado parcouraient l'intérieur de l'île, le gouvernement était aux mains de don Diego. Le commissaire, avant même de débarquer, eut connaissance de la récente rébellion et du sort tragique de Moxica. Sept rebelles avaient été pendus la semaine même; cinq autres, condamnés au même supplice, attendaient l'heure de l'exécution dans la forteresse de San-Domingo. Parmi ces derniers se trouvaient Pedro Reguelme et Guevara. Quand les navires entrèrent dans la rivière, Bobadilla aperçut sur chaque rive un gibet où était suspendu le corps d'un Espagnol. Il vit dans ces diverses circonstances autant de preuves de la cruauté que l'on reprochait à Colomb.

Au seul bruit de son arrivée, c'était à qui viendrait faire sa cour à ce censeur public. Comme ceux qui cherchaient à capter sa faveur étaient aussi ceux qui avaient le plus à redouter l'enquête, il en résulta que toutes leurs dépositions furent défavorables à l'amiral. Bobadilla n'avait pas encore mis pied à terre, que déjà Colomb était condamné dans son esprit : sa conduite le fit bien voir.

En présence de don Diego et des autres autorités, il fit procéder à une lecture publique des lettres patentes qui l'autorisaient à faire une enquête sur la rébellion. En vertu de son pouvoir, il réclama Pedro Reguelme, Guevara et d'autres prisonniers, avec les pièces qui les concernaient.

Don Diego ayant déclaré qu'il ne pouvait rien faire sans l'amiral, demanda une copie des lettres patentes pour l'envoyer à son frère. Bobadilla refusa, ajoutant que, puisque sa charge de commissaire paraissait de peu de poids, il allait voir si l'on obéirait au gouverneur. Le lendemain donc il fit lire une patente royale qui l'investissait du gouvernement des îles et de la terre ferme; c'était procéder un peu trop vite. Ce dernier document, en effet, devait être tenu en réserve, et n'être publié qu'après l'enquête, dans le cas seulement où Colomb serait reconnu coupable. Après la lecture de ce document, Bobadilla demanda de nouveau les prisonniers et essuya un second refus.

Alors Bobadilla exhiba un mandat de la couronne qui enjoignait à Colomb et à ses frères de lui livrer tous les forts, navires et autres propriétés royales, de payer immédiatement l'arriéré dû à toutes les personnes qui étaient au service royal; l'amiral était tenu de payer aussi tous les arriérés dont il était personnellement responsable.

Ce dernier document fut accueilli par des acclamations. Bien des gens, en effet, n'étaient plus payés depuis longtemps, par suite de la pénurie du trésor. Gonflé de son importance et de sa popularité, Bobadilla réclama, pour la troisième fois, les prisonniers, et, pour la troisième fois, essuya un refus. Il se rendit aussitôt au fort et adressa une sommation au gouverneur Miguel Diaz. Miguel Diaz dit qu'il ne pouvait livrer les prisonniers qu'à l'amiral. Bobadilla fit enfoncer la porte; les prisonniers furent portés en triomphe et ensuite confiés à la garde d'un alguazil.

Bobadilla continua d'agir comme s'il avait été envoyé pour dégrader l'amiral et non pas pour le juger. Il s'installa dans la maison de Colomb et fit main basse sur ses armes, son or, sa vaisselle, ses joyaux, ses chevaux, ses livres, ses lettres et ses manuscrits les plus secrets; sans tenir aucun compte des biens saisis, il les employa à payer ceux à qui l'amiral devait de l'arriéré. Il disposa de ce qui restait comme d'un bien déjà confisqué au profit de la couronne. Pour se rendre encore plus populaire, il accorda une licence générale pour la recherche de l'or, n'exigeant qu'un onzième, au lieu d'un tiers pour le gouvernement.

En même temps, il tenait un langage inqualifiable sur le compte de Colomb, donnant à entendre qu'il avait pleins pouvoirs pour l'envoyer en Espagne, chargé de chaînes, et déclarant que ni lui, ni aucun des siens ne pourraient plus jamais être gouverneurs de l'île.

CHAPITRE XXXIV

Colomb est arrêté et envoyé en Espagne.

(1500.)

Colomb, informé de l'arrivée de Bobadilla, crut d'abord avoir affaire à quelque audacieux aventurier. Quand il apprit par le bruit public que l'autre avait fait lire des documents officiels, il crut qu'il s'agissait du juge en chef qu'il avait si souvent demandé dans ses lettres. Il pensa que ce juge avait pu recevoir des pouvoirs spéciaux pour le jugement des insurgés, et que s'il outrepassait ses pouvoirs, c'était par suite d'une erreur et de la tendance que l'on a à exagérer sa propre autorité, comme il était arrivé à Aguado. Il était trop sûr d'avoir bien mérité, et il avait une trop grande confiance dans la foi et la parole de ses souverains, pour s'imaginer autre chose.

Il écrivit à Bobadilla dans un esprit de modération et de conciliation, le mettant en garde contre sa propre précipitation, et répandant des contre-proclamations pour prévenir le mal qu'il pouvait faire. En réponse, il reçut une lettre royale qui lui enjoignait l'obéissance et l'ordre de comparaître immédiatement à San-Domingo.

Il obéit, et prit, presque seul, le chemin de San-Domingo, tandis que Bobadilla, affectant de croire qu'il avait soulevé les caciques, déployait un grand appareil et massait des troupes. Il fit arrêter don Diego sans alléguer aucun motif

COLOMB CHARGÉ DE CHAINES

et le fit conduire, chargé de chaînes, à bord d'une caravelle.

Apprenant l'arrivée de Colomb, il ordonna de lui mettre les fers comme à son frère, et de l'enfermer dans le fort. L'indignité d'un pareil traitement infligé à un tel homme semble avoir ému ses ennemis eux-mêmes.

Colomb le supporta avec un noble dédain; ses yeux ne s'abaissèrent pas sur un instrument aussi misérable que Bobadilla, ils se tournèrent vers les souverains qui ne rougissaient pas de se servir de lui, et ne fut blessé que de leur injustice et de leur ingratitude. Il demeura d'ailleurs fermement convaincu qu'ils déploreraient leur erreur aussitôt qu'ils l'auraient reconnue. Il ne laissa pas échapper une plainte, et même, à la demande de Bobadilla, il écrivit à l'adelantado pour l'engager à se soumettre sans résistance à la volonté des souverains. Don Barthélemi subit le même traitement que ses frères. On les sépara et on les mit au secret le plus absolu. C'est ainsi qu'ils furent tenus dans une ignorance complète des crimes dont on les accusait et de la procédure que l'on suivait contre eux.

Alors se reproduisirent toutes les scènes qui avaient eu lieu du temps d'Aguado. Toutes les vieilles accusations furent renouvelées et on en ajouta d'autres encore plus absurdes. Ainsi l'on accusait Colomb d'avoir empêché la conversion des Indiens, afin de pouvoir les vendre comme esclaves; d'avoir gardé une partie des perles recueillies sur la côte de Paria; d'avoir laissé ignorer à ses souverains la nature de ses découvertes dans cette région, pour se faire accorder de nouveaux privilèges. Les derniers troubles fournirent des griefs contre lui, et les rebelles furent admis à témoigner. Les châtiments bien mérités qu'il avait infligés aux meneurs, prouvaient qu'il était d'un caractère vindicatif et qu'il ressentait une haine secrète contre les Espagnols. Guevara, Reguelme et leurs complices furent déclarés innocents, presque sans jugement. Roldan, dès le début, avait obtenu toute la confiance de Bobadilla; et tous ceux que leur conduite passée exposait aux rigueurs de la justice furent acquittés individuellement ou compris dans un pardon général.

Lorsque Bobadilla crut avoir assez de preuves pour faire condamner les prisonniers et pour garder le rang de gouverneur, il résolut de les faire partir pour l'Espagne. Il chargea Alonso de Villejo de les y conduire. Villejo, officier au service de Fonseca, eut ordre de lui remettre les prisonniers, ce qui donnerait lieu de croire que cet ennemi acharné de Colomb n'avait pas été étranger à tout ce qui venait de se passer; mais Villejo, homme d'un caractère honorable et d'un esprit généreux, se montra bien supérieur à la basse méchanceté de ceux qui l'employaient. Quand il arriva avec une garde pour conduire l'amiral à bord de son vaisseau, il le trouva enchaîné et plongé dans un profond abattement. La rigueur avec laquelle on l'avait traité et la violence des passions déchaînées contre lui, lui avaient fait craindre d'être sacrifié sans pouvoir être entendu, et de laisser à la postérité un nom déshonoré. Le respect que lui montra Villejo et les bonnes paroles qu'il lui adressa relevèrent son courage.

Les caravelles partirent en octobre, au milieu des huées et des malédictions de la populace. Par bonheur, le voyage ne dura pas trop longtemps. Le digne Villejo et Andreas Martin, le maître de la caravelle, traitèrent Colomb avec le plus profond respect et avec les attentions les plus délicates. Ils offraient de lui ôter ses fers, ce fut lui qui voulut les garder : « Non, dit-il avec dignité, Leurs Majestés m'ont commandé de me soumettre à tout ce que Bobadilla ordonnerait en leur nom ; c'est par leur autorité qu'il m'a mis dans les chaînes, ces chaînes je les porterai tant que mes souverains n'auront pas donné l'ordre de me les ôter. Ensuite je les garderai comme des reliques, et comme souvenir de la récompense que m'ont value mes services. »

« Je les ai toujours vues, dit son fils Fernand, suspendues dans son cabinet; et il demanda qu'on les enterrât avec lui. »

CHAPITRE XXXV

Arrivée de Colomb en Espagne. — Son entrevue avec les souverains. — Ovando est nommé gouverneur d'Hispaniola.

(1500.)

L'arrivée de Colomb à Cadix, prisonnier et enchaîné, produisit une sensation presque aussi profonde que son retour triomphal après son premier voyage. Il y eut une explosion d'indignation à Cadix, puis à Séville, puis dans toute l'Espagne.

Colomb ne sachant jusqu'à quel point les souverains avaient autorisé les indignités dont il souffrait, ne voulut pas leur écrire. Mais, avec la permission d'Andreas Martin, il envoya à une dame fort influente à la cour, et qui avait été nourrice du prince Juan, une justification de sa conduite, écrite dans un langage très digne et très touchant. Quand la noble Isabelle sut ce qui s'était passé, son cœur fut rempli de sympathie et d'indignation.

Quels que fussent les sentiments secrets de Ferdinand à l'égard de Colomb, l'opinion publique le contraignit à s'indigner comme Isabelle. Un ordre fut envoyé à Cadix de mettre immédiatement les prisonniers en liberté, de les traiter avec les plus grands égards ; deux mille ducats furent avancés à l'amiral pour son voyage, et une lettre des souverains l'invita à se rendre à Grenade.

Le cœur loyal de Colomb fut rempli de joie. Il apparut à la

cour, non comme un homme ruiné et disgracié, mais richement vêtu et avec une escorte d'honneur. Les souverains le traitèrent avec la plus haute distinction. En voyant apparaître cet homme vénérable, et en se rappelant ses services et ses malheurs, Isabelle fut émue jusqu'aux larmes. Colomb se jeta à genoux; son émotion était si vive, que les larmes et les sanglots lui coupèrent d'abord la parole.

Ferdinand et Isabelle le relevèrent avec bonté. Alors, dans le langage le plus éloquent et le plus élevé, il parla de sa loyauté, du zèle qu'il avait toujours montré pour les intérêts et la gloire de la couronne d'Espagne; s'il avait commis des erreurs, c'est parce qu'il n'avait pas l'expérience du gouvernement, et qu'il s'était trouvé au milieu de difficultés sans exemple.

Les souverains désavouèrent Bobadilla, pour avoir méconnu leurs instructions, et promirent à Colomb de le rétablir dans ses dignités et privilèges, et de l'indemniser des pertes qu'il avait souffertes. Isabelle était sincère, mais Ferdinand ne l'était pas. Vicente Yañez Pinzon venait de passer la ligne, et d'explorer les côtes du continent méridional jusqu'au cap Saint-Augustin. Diego Lepe avait doublé ce cap, et reconnu que la côte s'étendait à perte de vue. Colomb, vice-roi d'un pareil empire, et admis à partager les bénéfices, arriverait à une fortune incalculable. L'égoïste Ferdinand ne put supporter cette idée, et il se considéra comme lésé par les arrangements qu'il avait librement acceptés; chaque découverte nouvelle, au lieu d'accroître sa reconnaissance, augmentait ses regrets.

D'ailleurs Colomb ne lui était plus indispensable, et tous les jours de hardis navigateurs lui proposaient des marchés avantageux. Il chercha donc un biais pour ne point lui rendre ce qui lui était si légitimement dû. Il mit d'abord en avant des raisons de prudence : il y avait encore bien des éléments de trouble à Hispaniola; si Colomb revenait trop tôt, ces éléments entreraient de nouveau en fermentation; on enverrait un homme prudent et sûr pour remplacer Bobadilla et pacifier l'île; au bout de deux ans, Colomb en reprendrait le gouvernement. Colomb fut obligé d'accepter cet arrangement.

Pour remplacer Bobadilla, Ferdinand choisit don Nicolas de Ovando, commandeur de Lares, de l'ordre d'Alcantara. C'était un homme qui avait la parole facile et les manières courtoises; on le disait prudent, juste, modéré et d'une grande humilité. A le juger d'après ses actes, c'était un homme subtil, prodigue de belles paroles; son humilité cachait un grand amour du commandement; il fut sans pitié pour les Indiens, sans justice et sans générosité pour Colomb.

Cependant la colonie était dans le plus triste état; le relâchement et la licence devinrent tels, que plusieurs des ennemis de Colomb en vinrent à regretter la salutaire sévérité de l'adelantado.

Bobadilla sacrifiait les intérêts de la couronne pour rester populaire, vendait les fermes royales à bas prix, et permettait à qui voulait de travailler aux mines, à condition de payer seulement un onzième du produit. Il semble, du reste, avoir prévu qu'on ne tarderait pas à le rappeler, car il disait volontiers à ses amis : « Employez bien votre temps, on ne peut pas savoir combien tout cela durera. » Les colons pressurèrent si fort les malheureux indigènes que la redevance du onzième, sous Bobadilla, donna des revenus plus considérables que celle du tiers sous Colomb.

La plupart des nouveaux colons étaient la lie de la population et le rebut des prisons; ces misérables parvenus affectaient des airs de grands seigneurs. Quand ils arrivaient dans un village, ils s'amusaient à gaspiller les provisions, et forçaient le cacique et ses sujets à danser pour les divertir. Ils ne parlaient aux Indiens qu'en termes humiliants, et insultaient leurs femmes et leurs filles. Sous les prétextes les plus frivoles, non contents de les battre et de les fouetter, ils allaient quelquefois jusqu'à les faire mourir.

Isabelle pressa le départ d'Ovando, pour mettre fin à de pareils excès. Hispaniola serait la métropole du gouvernement colonial, qui s'étendrait sur les autres îles et la terre ferme. Ovando mettrait fin à tous les abus et s'occuperait avec zèle de l'instruction religieuse des indigènes. Il constaterait les dommages causés à Colomb lors de son arrestation, afin qu'on pût le dédommager amplement. L'amiral, autorisé à avoir dans l'île un agent chargé de ses intérêts, désigna aussitôt Alonso Sanchez de Carvajal.

Parmi les différents décrets qui furent rendus en cette circonstance, nous trouvons la première trace de l'esclavage des nègres dans le nouveau monde. Il fut permis de transporter dans la colonie les esclaves nègres nés en Espagne, fils et descendants des indigènes venus de la Guinée, où les Espagnols et les Portugais avaient fait pendant quelque temps la traite des nègres.

L'esclavage, cet odieux outrage à la nature et à l'humanité, fut introduit pour la première fois, dans le nouveau monde, dans l'île d'Hispaniola. C'est là aussi que plus tard, pour la première fois, ce crime odieux reçut un terrible châtiment.

La flotte d'Ovando partit le 13 février 1502. Elle comptait trente voiles, et emportait de quoi ravitailler largement la colonie, avec une population de deux mille cinq cents âmes, où l'on comptait des personnes de haut rang avec leurs familles. Ovando, dont le seul titre était la faveur de Ferdinand, partit avec une pompe presque royale, pour aller occuper le gouvernement enlevé à Colomb.

CHAPITRE XXXVI

Colomb pousse les souverains à entreprendre une croisade. — Il prépare un quatrième voyage.

(1500-1501.)

Colomb passa un peu plus de neuf mois à Grenade, attendant qu'on voulût bien l'employer, et essayant de mettre un peu d'ordre dans ses affaires. Il songea alors au vœu qu'il avait fait autrefois, de travailler à la délivrance du Saint Sépulcre. Les sept années étaient révolues, le vœu n'était pas accompli, les trésors sur lesquels il avait compté pour payer l'armée lui ayant fait défaut. Il crut du moins qu'il était de son devoir de pousser les souverains à cette sainte entreprise.

Avec l'aide d'un frère chartreux, il recueillit tous les passages des saintes Écritures et des ouvrages des Pères où il voyait des prophéties mystérieuses touchant la découverte d'un nouveau monde, la conversion des gentils et la délivrance du Saint Sépulcre. Selon lui, ces trois grands évènements devaient se suivre et être accomplis par son entremise. Son travail achevé, il écrivit aux souverains une longue lettre où l'on voit la ferveur habituelle de son âme et la simplicité de son cœur. On ne sait pas s'il la leur présenta; il est probable que non, car sa pensée, à cette époque, revint, avec un redoublement d'ardeur, à ses préoccupations habituelles.

Vasco de Gama venait d'ouvrir la nouvelle route de l'Inde en doublant le cap de Bonne-Espérance; Pedro Alvarez Cabral, en suivant ses traces, était revenu avec des vaisseaux chargés des précieuses marchandises de l'Orient; on ne parlait partout que des richesses de Calicut. La découverte des contrées sauvages du nouveau monde n'avait pas encore rapporté grand chose à l'Espagne, tandis que la nouvelle route des Indes orientales faisait déjà affluer la richesse en Portugal.

Colomb se piqua d'émulation, et se flatta de découvrir une route plus facile et plus courte que celle de Vasco de Gama pour aller aux Indes. D'après ses propres observations et les relations des autres navigateurs, la terre ferme s'étendait au loin vers l'ouest. La côte sud de Cuba, qu'il considérait comme une partie du continent asiatique, s'étendait dans la même direction. Les courants de la mer Caraïbe devaient passer entre ces deux terres. Persuadé, en conséquence, qu'il devait exister quelque part, de ce côté, un détroit qui débouchait dans la mer indienne, il plaça ce détroit supposé à peu près à l'endroit où se trouve l'isthme de Darien. La découverte de ce détroit serait le magnifique couronnement de toute son œuvre.

Les souverains, malgré les objections de quelques esprits étroits, entrèrent dans ses vues, et il se rendit à Séville pour surveiller les préparatifs de son expédition. Mais Fonseca et ses créatures lui suscitèrent tant d'obstacles, que les préparatifs, commencés pendant l'automne de l'année 1501, ne furent achevés qu'en mai 1502.

Avant de partir, il prit ses mesures en vue de tout ce qui pourrait lui arriver dans le cours d'une expédition lointaine et périlleuse. Il fit faire des copies légalisées de toutes les lettres royales relatives à ses dignités et privilèges, de sa justification adressée à la nourrice du prince Juan, et de deux lettres par lesquelles il assignait à la banque de Saint-Georges, à Gênes, un dixième de ses revenus, pour être employé à diminuer les droits sur les vivres dans sa ville natale. Il fit parvenir, par des mains différentes, ces deux séries de documents à son ami le docteur Odorigo, qui avait été ambassadeur à la cour d'Espagne. Il priait le docteur de déposer toutes ces pièces en un lieu sûr, qu'il ferait connaître à son fils Diego.

Il écrivit aussi au pape Alexandre VII, pour lui faire connaître son vœu, et l'assurer que s'il avait été jusque-là empêché de l'accomplir, c'est qu'on lui avait retiré son gouvernement. Il promettait au pape de se rendre à Rome au retour de son présent voyage et de lui rendre compte de toutes ses expéditions.

CHAPITRE XXXVII.

Colomb part pour son quatrième voyage. — Ce qui se passe à Hispaniola. Colomb à la recherche d'un détroit imaginaire.

(1502.)

Colomb avait alors soixante-six ans; son corps se ressentait des atteintes de l'âge, mais son esprit conservait toute sa vigueur, et sa volonté toute son énergie. Il emmena avec lui son frère don Barthélemi, à qui il donna le commandement d'un de ses vaisseaux, et son fils Fernando, âgé alors de quatorze ans.

Il partit de Cadix le 9 mai 1502. Son escadre se composait de quatre caravelles, montées par cent cinquante hommes. La plus grande de ses caravelles jaugeait soixante-dix tonnes, et la plus petite seulement cinquante. Sur ces frêles embarcations il allait à la recherche d'un détroit qui, s'il eût existé, l'aurait conduit dans les mers les plus lointaines du globe.

Après un voyage sans accident jusqu'aux îles Caraïbes, il arriva le 15 juin à Mantinino, aujourd'hui la Martinique. Son plan primitif était de gagner la Jamaïque, et de là le continent, pour commencer ses recherches. Mais comme un de ses navires retardait la marche des autres, il se rendit à Hispaniola pour l'échanger contre un de ceux de la flotte d'Ovando. Cette démarche était contraire à ses instructions : car on lui avait expressément interdit de toucher à Hispaniola, de peur que sa présence ne fût l'occasion de quelques désordres; mais il crut que la nécessité où il se trouvait lui servirait d'excuse.

Il arrivait au port de San-Domingo dans un mauvais moment : ses plus mortels ennemis se trouvaient à San-Domingo, exaspérés des mesures que l'on venait de prendre contre eux. La flotte qui avait amené Ovando allait partir pour l'Espagne, remmenant comme prisonniers Roldan et un grand nombre de ses anciens complices. Bobadilla était sur un des navires, emportant une énorme quantité d'or. Les complices de Roldan avaient aussi embarqué de grandes richesses, qui représentaient les souffrances des malheureux indigènes.

Colomb, arrivé le 29 juin à l'embouchure de la rivière, envoya un officier au gouverneur pour lui exposer l'objet de sa visite : il demandait aussi l'autorisation de mettre son escadre à l'abri dans la rivière, parce qu'il prévoyait une tempête. Ovando, qui avait probablement des ordres, refusa. L'amiral envoya un second message : il conseillait à Ovando de retarder le départ de la flotte, toujours à cause de la tempête qu'il prévoyait. Ovando le traita de visionnaire et de faux prophète. Colomb se retira de la rivière, indigné de se voir refuser un abri dans l'île même qu'il avait découverte, et chercha un abri le long de la côte.

La flotte de Bobadilla partit de San-Domingo avec la plus grande confiance. Mais dans les quarante-huit heures la prédiction de Colomb s'accomplit. Une violente tempête éclata ; pendant la nuit, les navires de Colomb se trouvèrent séparés. L'amiral se mit à l'abri de la côte et son navire n'éprouva aucune avarie ; mais trois autres furent pendant plusieurs jours le jouet de la tempête, et les équipages se crurent perdus. L'adelantado montait le plus mauvais des quatre navires et fut exposé aux plus terribles aventures ; comme c'était un marin de premier ordre, il sauva son navire et ne perdit que sa chaloupe. Après bien des vicissitudes, la flottille se trouva réunie à Porto Hermoso, à l'ouest de San-Domingo.

La flotte de Bobadilla fut beaucoup plus maltraitée; plusieurs de ses navires, et en particulier celui où il était en personne avec Roldan et beaucoup des ennemis les plus acharnés de Colomb, périrent corps et biens. Les autres rentrèrent à San-Domingo dans le plus fâcheux état; un seul put continuer le voyage. C'était, dit-on, le plus faible de la flotte; il portait une certaine quantité d'or, qui appartenait à l'amiral, et que son agent Carvajal envoyait en Espagne.

Après avoir réparé les avaries de ses navires, Colomb partit pour la terre ferme; mais comme le temps s'était mis au calme, la flotte fut entraînée par les courants, et aborda à la côte sud de Cuba. Profitant d'un vent favorable qui avait succédé au calme, Colomb reprit sa course, et le 30 juillet atteignit l'île de Guanagua, située à quelques lieues de la côte de Honduras.

A Guanagua, les Espagnols virent arriver un immense canot, à bord duquel un cacique était assis sous un pavillon de feuilles de palmier, avec sa femme et ses enfants. Le canot, manœuvré par vingt-cinq Indiens, était chargé de marchandises consistant en productions naturelles du pays et en objets grossièrement travaillés. Il y avait des hachettes et autres ustensiles de cuivre, avec une sorte de creuset pour faire fondre le cuivre; différentes espèces de vases d'argile, de marbre et de bois dur, très proprement façonnés; des manteaux de coton teints de différentes couleurs; et quantité d'autres objets qui attestaient chez les habitants du nouveau monde un commencement d'industrie et de civilisation.

Les Indiens firent entendre qu'ils venaient d'un pays riche, cultivé et industrieux, situé à l'ouest, et engagèrent l'amiral à diriger sa course de ce côté. Plût à Dieu qu'il eût suivi leur conseil; en un jour ou deux, il serait arrivé au Yucatan, et aurait nécessairement découvert le Mexique et les autres opulentes contrées de la Nouvelle-Espagne; l'Océan du sud se serait ouvert devant lui; une série de magnifiques découvertes aurait jeté un nouvel éclat sur ses vieux jours; et il ne se serait pas éteint dans la tristesse, l'abandon et le désappointement.

Mais il ne songeait qu'à découvrir le détroit qui le conduirait à l'océan Indien. Il se dirigea donc au sud vers quelques montagnes qu'il apercevait à distance et releva le cap Honduras; de là il partit à l'est, ayant à lutter contre les vents et les courants; bientôt ce fut une tempête presque continuelle, accompagnée d'une pluie torrentielle, d'éclairs et de coups de tonnerre. Les navires étaient si fatigués que les coutures s'entr'ouvraient; les voiles et les agrès étaient déchirés, les provisions gâtées par la pluie et les voies d'eau. Les matelots étaient épuisés par la fatigue et abattus par la terreur; à plusieurs reprises ils se confessèrent les uns aux autres et se préparèrent à mourir. Presque tout le temps Colomb souffrit cruellement de la goutte; ses souffrances s'accroissaient de son incessante vigilance et de son anxiété, car la maladie ne l'empêchait pas de vaquer à ses devoirs. Il avait fait construire à la poupe une cabine d'où il pouvait, même quand il était au lit, exercer sa surveillance, et diriger la marche de ses navires. Plusieurs fois il fut si malade qu'il crut sa fin prochaine, et son esprit était torturé à l'idée que son frère Barthélemi et son fils Fernando étaient exposés aux mêmes périls et aux mêmes misères. Souvent aussi il songeait à son fils Diego et aux malheurs où sa mort pourrait le plonger. Après avoir lutté plus de quarante jours pour faire environ soixante-dix lieues, il arriva, le 14 septembre, à un cap à partir duquel la côte se repliait brusquement dans la direction du sud. Après avoir doublé ce cap, il se trouva immédiatement poussé par un vent favorable; c'est pourquoi il appela ce cap *Gracias a Dios* ou « Grâces à Dieu ».

Pendant trois semaines il longea la côte que l'on appelle aujourd'hui Mosquito, se ménageant de temps à autre des entrevues avec les indigènes; mais les Indiens et les Espagnols se défiaient les uns des autres. Les indigènes, en voyant un notaire de la flotte écrire leurs renseignements, crurent qu'il procédait à des opérations magiques et prirent peur; pour neutraliser l'effet de ses sortilèges, ils jetèrent en l'air une certaine poudre et la brûlèrent, en ayant bien soin que la fumée se dirigeât du côté des Espagnols. Les matelots, superstitieux comme on l'était à cette époque, attribuèrent aux sortilèges des Indiens toutes les difficultés qui les assaillirent et tous les dangers qu'ils coururent par la suite. Colomb lui-même et son fils Fernando semblent avoir partagé cette idée.

Le 5 octobre, Colomb arriva au point que l'on appelle Costa-Rica ou côte riche, à cause des mines d'or et d'argent qu'on y a découvertes depuis. Les naturels portaient des ornements d'or pur, et le nombre de ces ornements s'accroissait à mesure que l'expédition approchait de la côte de Veragua. Colomb en conclut qu'il devait y avoir des mines abondantes dans les environs. On lui parla en effet d'un grand royaume nommé Ciguare, situé dans l'ouest, à plusieurs jours de marche; et, d'après ce qu'il put comprendre, les habitants de ce pays portaient des couronnes d'or, des bracelets d'or, et des anneaux d'or aux jambes; ils avaient des costumes brodés d'or et leurs objets d'ameublement étaient rehaussés d'or. Ils étaient armés, comme les Espagnols, d'épées, de boucliers et de cuirasses, et montaient à cheval. Leur pays était commerçant, et dans ses ports on voyait entrer des vaisseaux armés de canons. Ce qui frappa surtout Colomb, c'est que ce royaume de Ciguare était baigné par la mer, et qu'à dix jours de marche se trouvait le Gange.

Il s'agissait évidemment du lointain royaume du Mexique, mais l'imagination de Colomb transformait, toujours d'après ses idées préconçues, les renseignements imparfaits qu'il tenait des indigènes. Il conclut que le pays de Ciguare devait être quelque province appartenant au Grand Khan, qu'il devait être situé de l'autre côté de la péninsule, que ses rivages étaient baignés par la mer des Indes, où le détroit qu'il cherchait encore lui donnerait accès. Il ne fut nullement surpris d'apprendre que le Gange fût si rapproché, ayant adopté l'opinion de certains philosophes qui donnaient au monde une circonférence beaucoup plus petite que celle que l'on imaginait généralement.

Ayant découvert et nommé Puerto-Bello, et poursuivi sa course au delà du cap Hombre de Dios, Colomb arriva à une baie étroite qu'il nomme *El Retrete*, autrement dit le Cabinet. Il se trouvait là à un point récemment exploré par un voyageur entreprenant nommé Bastides. Qu'il connût ou non l'exploration de Bastides, Colomb, arrivé à cet endroit, renonça à chercher le détroit.

Les navires étaient rongés par les vers, de plus les équipages étaient découragés par une lutte sans trêve contre les vents et contre les courants; l'amiral, ayant renoncé au détroit, songea aux mines d'or et repartit pour la côte de Veragua.

Il abandonnait donc les nobles visées qui l'avaient élevé si fort au-dessus de tous les motifs d'intérêt mercenaire, dans ses épreuves le long de ces côtes dangereuses, et avaient donné un caractère héroïque à la première partie de son voyage. Il est bien vrai qu'il s'était lancé à la poursuite d'une chimère, mais c'était du moins la chimère d'une brillante imagination et d'un jugement pénétrant. La découverte postérieure de l'océan Pacifique qui baigne l'autre rivage de cet isthme étroit, a prouvé qu'une grande partie de sa théorie était vraie.

CHAPITRE XXXVIII

Retour à la côte de Veragua. — Lutte contre les indigènes.

(1502.)

C'est le 15 décembre que Colomb partit d'El Retrete pour retourner à la côte de Veragua. A peine était-il en route, que le vent, après avoir soufflé trois mois de l'est, tourna brusquement à l'ouest, comme pour contrarier tous ses desseins. Au bout de quelque temps, il devint si variable et si violent que toute la science des marins en fut déconcertée. Pendant neuf jours, les navires furent ballottés au gré de la tempête, sur une mer inconnue, en danger, à chaque instant, d'être jetés à la côte. Pendant une journée tout entière les éclairs se succédèrent sans interruption, accompagnés des éclats de la foudre; le ciel ressemblait à une fournaise. La pluie tomba en si grande abondance que les hommes furent en danger de se noyer dans leurs navires non pontés.

Au milieu de cet épouvantable tumulte des éléments, ils eurent un nouveau sujet d'alarmes : une trombe se forma à quelque distance et se dirigea sur les navires. Les matelots effrayés commencèrent à réciter tout haut certains passages de saint Jean l'évangéliste; la trombe ayant passé près d'eux sans atteindre aucun des navires, ils demeurèrent persuadés qu'ils devaient leur salut à la miraculeuse influence des passages de l'Écriture qu'ils avaient récités.

Il y eut ensuite un temps de calme que les matelots s'obstinaient à considérer comme le présage d'une nouvelle tempête; surtout ils virent avec effroi un grand nombre de requins qui rôdaient autour du navire, se figurant que le requin a la faculté, non seulement de sentir les cadavres de très loin, mais de deviner s'il y a des malades à bord et si les navires sont en danger de faire naufrage.

Pendant trois semaines, la flottille erra au gré des vents, qui étaient si violents et si capricieux que Colomb appela cette côte la *côte des Contradictions*. Enfin, le 6 janvier, jour de l'Épiphanie, il atteignit la côte de Veragua, et jeta l'ancre dans une rivière qu'il appela Belen ou Bethléem, en l'honneur de cette fête.

Les indigènes, d'abord hostiles, finirent par s'adoucir, et apportèrent aux Espagnols des ornements d'or. Ils leur dirent que les mines étaient à deux lieues de là, près de la rivière Veragua. L'adelantado, à la tête de soixante-huit hommes bien armés, partit pour explorer la Veragua et chercher les mines. A six lieues dans l'intérieur des terres, les Espagnols recueillirent des pépites à fleur de terre et jusque entre les racines des arbres; une seconde expédition donna des résultats aussi satisfaisants.

Colomb se figura aussitôt que ce pays était la Chersonèse d'Or des anciens, et résolut d'y fonder une colonie et d'y établir un entrepôt; il fut convenu que l'adelantado resterait dans le pays, pendant que l'amiral irait chercher en Espagne des renforts et des provisions.

Quatre-vingts hommes furent choisis pour rester avec don Barthélemi; et l'on commença à construire des maisons de bois, couvertes de feuilles de palmier, à une portée de trait de la mer, à l'embouchure de la rivière, sur une partie élevée de la rive. On bâtit un magasin pour les munitions, l'artillerie et les provisions; on mit le reste à bord d'une des caravelles, qui devait rester pour le service de la colonie.

Mais au moment de partir Colomb fut retenu par un obstacle imprévu : la rivière avait baissé et les caravelles n'avaient plus assez d'eau pour franchir la barre. Il fut donc obligé d'attendre que les pluies eussent gonflé de nouveau la rivière.

Cependant le cacique Quibian, jaloux de voir des étrangers s'établir sur son territoire, rassembla secrètement ses guerriers pour les attaquer. Colomb fut averti à temps. L'adelantado, avec sa décision et son énergie habituelles, résolut de prévenir l'attaque de Quibian en l'attaquant lui-même, à l'improviste, au milieu de la nuit. Cette petite expédition fut menée avec tant d'habileté et d'audace que Quibian fut fait prisonnier dans son propre village, avec ses femmes et ses enfants. Mais pendant qu'on l'emmenait prisonnier, il réussit à s'échapper. Le lendemain matin, l'adelantado revint au campement chargé d'un riche butin, dont le cinquième fut mis à part, au profit des souverains ; le reste fut partagé entre ceux qui avaient pris part à l'entreprise.

CHAPITRE XXXIX

Désastres de l'établissement.

(1503.)

Colomb, profitant d'une crue de la rivière, franchit la barre avec trois caravelles, laissant la quatrième au service de la colonie, et alla mouiller à une lieue environ de la côte.

Le cacique Quibian, voyant que son village était détruit et que les caravelles emportaient sa femme et ses enfants, ne songea plus qu'à se venger. Il attaqua l'établissement à l'improviste, avec une fureur incroyable; cependant, grâce au sang-froid et à l'héroïsme de l'adelantado, les Indiens furent repoussés; il y avait eu du côté des Espagnols un homme tué et huit blessés; l'adelantado avait reçu un coup de javelot dans la poitrine.

Pendant l'escarmouche, une chaloupe vint du mouillage pour faire de l'eau et du bois. Les hommes qui la montaient, malgré tous les avertissements, s'avancèrent à une lieue environ dans la rivière. Ils furent tous massacrés par les Indiens, sauf un seul qui apporta la nouvelle. Les Espagnols de l'établissement furent si effrayés des dangers dont ils étaient environnés, qu'ils résolurent, malgré les remontrances de l'adelantado, de rejoindre immédiatement leurs compagnons. Mais comme la rivière avait de nouveau baissé brusquement, la caravelle ne put franchir la barre; d'un autre côté, le ressac était si violent que l'on n'avait pas même la ressource d'envoyer un canot pour prévenir l'amiral.

Cependant les bois retentissaient de hurlements et de cris de guerre. L'adelantado, jugeant que le village n'était pas tenable, choisit un endroit découvert sur le rivage, et y forma un petit camp retranché, avec la chaloupe de la caravelle et les caisses qu'il avait sous la main; il laissa deux embrasures où il établit deux fauconneaux. La terreur des armes à feu tenait les ennemis à distance; mais les Espagnols, toujours sur le qui-vive, furent bientôt exténués de fatigue et prévirent avec horreur le moment où les munitions viendraient à leur manquer.

Cependant la plus grande anxiété régnait à bord des caravelles. Comme la chaloupe ne revenait pas, on craignit quelque tragique aventure. Il ne restait plus qu'une chaloupe, et on n'osait pas la risquer, d'autant plus que le ressac était d'une violence extrême. Parmi les prisonniers indiens qui étaient à bord, les uns purent sauter à la mer, les autres s'étranglèrent de désespoir. Colomb craignit que ceux qui s'étaient échappés, n'excitassent leurs compatriotes à quelque nouvel acte de vengeance. Alors un homme résolu, nommé Pedro Ledesma, s'offrit à aller aux renseignements; si la chaloupe pouvait le conduire jusqu'au bord du ressac, il gagnerait la côte à la nage, et rapporterait des nouvelles. Il réussit dans sa périlleuse entreprise et apprit à l'amiral la première attaque des Indiens et le massacre de ceux qui montaient la chaloupe. Les Espagnols du camp retranché étaient en pleine insurrection, et préparaient des canots pour rejoindre les navires aussitôt que le temps le permettrait. Si l'amiral refusait de les recevoir, ils étaient décidés à s'embarquer dans la caravelle et à s'abandonner aux caprices de la mer plutôt que de rester où ils étaient.

Colomb résolut de les recueillir à bord, sauf à revenir plus tard avec des forces suffisantes, pour reprendre possession de la côte et y fonder un établissement sérieux. Mais, pour le moment, il n'y avait rien à faire.

Dans l'angoisse de son âme, Colomb eut une vision, et il se figura qu'une voix lui reprochait son manque de foi envers la Providence, et l'assurait en même temps que son grand âge ne serait pas un obstacle à l'accomplissement de sa mission. Dans une lettre à ses souverains, il leur parle sérieusement de cette sorte de révélation.

Les paroles prononcées par cette voix imaginaire ne sont que l'expression des pensées qui hantaient son esprit pendant la veille; il n'est donc pas étonnant qu'elles lui soient revenues à la pensée pendant ses rêves fiévreux. Il croyait profondément n'être qu'un instrument entre les mains de la Providence; cette croyance, jointe à une certaine dose de superstition qui caractérise l'époque, le disposait à voir une révélation dans chacun des rêves qui frappaient son imagination.

Ce qui contribua à le confirmer dans son erreur, ce furent sans doute les circonstances qui suivirent. Au bout de neuf jours, le vent tomba, la mer se calma, et il put tirer l'adelantado et ses compagnons de leur situation désespérée.

CHAPITRE XL

Voyage à la Jamaïque.

(1503.)

Vers la fin d'avril, Colomb quitta cette côte funeste. Comme ses navires étaient en mauvais état et ses hommes harassés, il crut devoir se rendre à Hispaniola. Mais il fallait, avant de mettre le cap sur cette île, s'avancer très loin dans l'est, pour éviter d'être entraîné par les courants bien au-dessous du point où l'on voulait aborder. Les pilotes et les marins, qui n'avaient pas étudié ces mers avec autant de soin que Colomb, s'imaginèrent qu'il les conduisait directement en Espagne, et murmurèrent hautement contre la folie d'un pareil projet. L'amiral poursuivit vers l'est, sans leur donner ses raisons; car, voyant la quantité d'aventuriers qui s'attachaient à suivre ses traces, il avait résolu de garder pour lui le secret de sa route.

A Puerto-Bello, il fut obligé d'abandonner une de ses caravelles que les vers avaient mise hors de service. Arrivé au golfe de Darien, il dit adieu à la terre ferme et, le 1er mai, se dirigea vers le nord, en quête d'Hispaniola. Malgré ses précautions, les courants l'amenèrent, le 30 mai, au milieu du groupe d'îles qu'il avait appelées Jardins de la Reine, au sud de Cuba. Les équipages souffraient beaucoup de la faim et de la fatigue, entassés sur deux caravelles si fatiguées que l'on ne pouvait les tenir à flot que par le travail incessant des pompes.

Une tempête jeta l'une des caravelles contre l'autre, il en résulta de telles avaries qu'il fallut renoncer à gagner Hispaniola, et chercher l'abri le plus proche. Le 24 juin, l'amiral atteignit la Jamaïque et jeta l'ancre dans un port qu'il appela port Santa-Gloria.

Comme les caravelles menaçaient de sombrer au beau milieu du port, Colomb les fit tirer jusqu'à une portée de trait du rivage, et les fit étayer côte à côte : il était temps, car bientôt le fond se trouva plein d'eau. On bâtit des cabanes à la proue et à la poupe, pour mettre les équipages à l'abri. Ainsi entouré d'eau, Colomb se crut en état de repousser les attaques des indigènes et de maintenir la discipline parmi les siens. Nul ne put descendre à terre sans une permission spéciale; la plus grande circonspection fut recommandée à l'égard des indigènes; deux personnes eurent mission de veiller aux échanges, et chaque soir l'on partageait les provisions fournies par les Indiens. Comme il fallait tout prévoir, même le cas où les provisions du voisinage viendraient à manquer, un homme zélé et intrépide, nommé Diego Mendez, qui avait déjà fait ses preuves sur la côte de Veragua, fit une tournée dans l'intérieur de l'île, accompagné de trois matelots, et conclut des arrangements avec les caciques.

Il était impossible de réparer les deux caravelles, et on ne pouvait guère espérer de voir apparaître des navigateurs sur cette côte sauvage, dans une mer inconnue. Colomb eut recours à la loyauté et au dévouement de Diego Mendez et lui proposa de gagner Hispaniola sur un canot indien, pour aller chercher du secours. C'était une entreprise désespérée, presque folle. Mendez consentit. Pendant qu'il mettait son canot en état de tenir la mer, Colomb écrivait à Ovando pour lui demander de lui envoyer un navire, et aux souverains pour les prier d'en envoyer un autre à Hispaniola, afin qu'il pût se rendre en Espagne. Il leur faisait la relation de ses récentes découvertes. Croyant avoir trouvé la Chersonèse d'Or des anciens, et avoir atteint les confins des États du Grand Khan, il offrait, dans le cas où il vivrait assez longtemps pour retourner en Espagne, de se mettre à la tête d'une mission et de travailler à la conversion de ce potentat.

On le voit, rien ne pouvait abattre Colomb, ni arrêter l'essor de son imagination, ni dompter l'esprit d'entreprise qui était en lui.

Mendez partit avec un Espagnol que son exemple avait décidé, et six Indiens. A peine arrivés à la pointe de l'île, ils furent tous capturés par les indigènes, et traînés à trois lieues dans l'intérieur. Mendez trouva moyen de s'échapper, regagna son canot, et revint tout seul, après une absence de quinze jours. Il offrit de repartir, seulement il demandait à être escorté jusqu'à la pointe de l'île par des hommes armés. Bartolomeo Fiesco, Génois, qui avait commandé une des caravelles, et qui était très attaché à Colomb, partit avec lui. Chacun des deux avait un canot, avec six Espagnols et dix Indiens sous ses ordres. Arrivé à Hispaniola, Fiesco reviendrait aussitôt pour faire savoir à l'amiral que son message était arrivé. Mendez irait à San-Domingo, se procurerait un navire et l'expédierait à l'amiral; à partirait ensuite pour l'Espagne avec la lettre adressée aux souverains.

CHAPITRE XLI

Rébellion de Porras. — Éclipse de lune. — Stratagème de Colomb pour se procurer des provisions.

(1503.)

Des mois s'écoulèrent sans qu'on entendît parler de Mendez ou de Fiesco. Renfermés trop à l'étroit et réduits à une nourriture insuffisante, les Espagnols de Colomb s'affaiblirent progressivement et la plupart tombèrent malades.

Quelques-uns perdirent la raison de désespoir, d'autres se montrèrent hargneux et impatients, et s'en prirent à Colomb comme à l'auteur de tous leurs maux.

Parmi les officiers de Colomb, il y avait deux frères, Francisco et Diego Porras, qui lui devaient tout. Mais c'étaient des hommes vains, insolents et ingrats. Ils répandirent parmi les matelots le bruit que Colomb n'avait nullement l'intention de retourner en Espagne, attendu qu'il en avait été banni par les souverains, ainsi que d'Hispaniola; il attendait, à la Jamaïque, que ses amis obtinssent son rappel; Mendez et Fiesco étaient partis pour s'occuper de ses intérêts privés; la preuve, c'est que le vaisseau n'arrivait pas, et que Fiesco n'était pas revenu. Dans tous les cas, si le canot allait réellement chercher du secours, il avait dû périr en route, puisqu'on n'en avait point de nouvelles. L'on n'avait plus d'autre alternative que de se procurer des canots indiens et de tâcher de gagner Hispaniola; il était inutile de compter sur le consentement de l'amiral, il était trop vieux, trop infirme pour entreprendre un pareil voyage.

Le 2 janvier 1504, Francisco Porras entra dans la cabine de Colomb, que la goutte retenait au lit, et lui reprocha amèrement de n'avoir nulle intention de retourner en Espagne. Colomb essaya de raisonner avec lui, mais le traître fut sourd à tous les arguments. Les complices de Porras se montrèrent, les armes à la main; quelques-uns parlaient de tuer l'amiral. L'adelantado s'élança contre eux, la lance à la main, mais quelques amis fidèles le désarmèrent et le firent entrer dans la cabine de son frère.

Les mutins se saisirent de dix canots que Colomb avait achetés aux Indiens; ceux qui n'étaient pas du complot suivirent les autres, craignant de rester seuls; il en partit ainsi quarante-huit. Porras, avec sa flottille, côtoya l'île en se dirigeant vers l'est. Fréquemment il débarquait et volait les indigènes: pour irriter les Indiens contre Colomb, il prétendait n'agir ainsi que d'après ses ordres. A la pointe orientale de l'île, il se procura des Indiens, et se lança à travers le golfe. Mais une tempête le força de regagner la terre. Beaucoup d'Indiens furent jetés à la mer pour alléger les canots, et quand ils essayaient de s'accrocher aux bordages pour se reposer et reprendre haleine, on les tuait à coups d'épée ou on leur coupait les mains.

Une seconde tentative ne réussit pas mieux. Alors les rebelles reprirent la route du port; ils allaient de village en village, prenant de force ce qu'on leur refusait. Aux remontrances des indigènes ils répondaient en leur conseillant de s'adresser à Colomb, qu'ils représentaient comme un ennemi acharné de leur race, et auquel ils prêtaient l'intention d'étendre sa domination sur l'île entière.

Colomb, cependant, à force de prévenances et de soins, avait relevé le courage et rétabli la santé de ceux qui restaient avec lui. Malheureusement, il n'avait plus assez de monde pour envoyer chercher des vivres dans l'intérieur de l'île, et les Indiens de la côte ne se laissaient plus tenter par les objets de pacotille qui avaient perdu, à leurs yeux, le charme de la nouveauté; et même plusieurs caciques étaient devenus hostiles par suite des déprédations de Porras.

L'amiral se voyait déjà menacé, lui et les siens, des horreurs de la famine, lorsqu'il imagina un ingénieux stratagème pour se procurer des vivres. Comme c'était un savant astronome, il savait qu'il y aurait bientôt une éclipse totale de lune. Il fit assembler les caciques le jour où l'éclipse devait avoir lieu, et les prévint que leur négligence et leur mauvaise foi avait irrité la divinité des blancs, et qu'elle se disposait à leur infliger un châtiment terrible s'ils ne revenaient à de meilleurs sentiments. Comme avertissement, cette divinité ferait paraître cette nuit même un signe dans le ciel. Ils verraient la lune changer de couleur, et perdre graduellement tout son éclat.

Quand l'éclipse commença, les plus incrédules furent remplis de consternation. Tous se précipitèrent vers les caravelles, chargés de provisions, et se jetèrent aux pieds de Colomb, le suppliant d'intercéder auprès de son dieu, et s'engageant à fournir désormais tout ce qu'on leur demanderait. Colomb se retira quelques instants dans sa cabine, sous prétexte d'intercéder en leur faveur. Quand la lune reparut, ils l'accablèrent de remerciements : désormais les provisions affluèrent à bord des caravelles.

CHAPITRE XLII

Arrivée de Diego de Escobar. — Combat contre les rebelles.

(1504.)

Huit mois s'étaient écoulés depuis le départ de Mendez et de Fiesco. Toute espérance semblait perdue. Une seconde révolte allait éclater, lorsqu'un soir un navire apparut, se dirigeant vers le port. C'était une petite caravelle, qui mouilla au large et envoya sa chaloupe. La caravelle était commandée par Diego de Escobar; c'était mauvais signe, car Escobar, un des complices de Roldan, avait été condamné à mort par Colomb et gracié par Bobadilla.

Escobar était porteur d'une lettre d'Ovando. Le gouverneur envoyait à Colomb ses compliments de condoléance; il n'avait pas sous la main de navire assez grand pour le ramener, lui et les siens; aussitôt qu'il en aurait un, il le lui enverrait. Escobar se tint à distance et évita de communiquer avec aucun Espagnol. Lorsque Colomb lui eut fait remettre une lettre pour le gouverneur, il repartit.

Cette conduite mystérieuse d'Escobar causa une grande consternation parmi les naufragés. Colomb fut obligé d'user de subterfuge pour les rassurer : s'il avait refusé de partir avec Escobar, c'est parce que la caravelle était trop petite pour recevoir tout le monde et qu'il ne voulait pas s'en aller seul; mais il avait chargé Escobar d'expédier promptement des navires de secours.

Au fond, il était indigné de la conduite d'Ovando. Évidemment le gouverneur d'Hispaniola avait retardé à dessein l'envoi des navires, pour laisser à Colomb et aux siens le temps de mourir de faim; Escobar n'était qu'un espion chargé de s'assurer si la petite troupe vivait encore. Néanmoins il chercha à tirer parti de l'apparition d'Escobar pour ramener les rebelles. Il les fit informer, par deux hommes sûrs, de la promesse d'Ovando, et leur promit de leur pardonner et de les emmener à Hispaniola s'ils rentraient immédiatement dans le devoir.

Porras et quelques-uns des meneurs empêchèrent les deux envoyés de communiquer avec le reste de la bande. Ils firent des demandes si extravagantes, qu'il fut impossible d'y faire droit. Ils menacèrent alors de prendre de force ce qu'on refusait de leur accorder de bon gré.

Malgré les précautions de Porras, quelque chose de la vérité avait transpiré parmi ses complices; alors il eut recours au monsonge : si l'amiral leur promettait de leur pardonner, c'était pour les avoir en sa puissance et se venger d'eux! Quant à la prétendue caravelle, c'était un vaisseau fantôme, évoqué par Colomb pour tromper les siens, car, en sa qualité d'astronome, il devait être magicien. Si la caravelle eût été une vraie caravelle, l'amiral n'aurait pas manqué de s'embarquer avec son frère. Pour engager ses complices sans retour, Porras résolut d'aller, à leur tête, faire main basse sur les provisions de l'amiral et s'assurer de sa personne.

Colomb fut averti de leur approche; mais, incapable de quitter son lit de douleur, il envoya l'adelantado, escorté de cinquante hommes, pour parlementer avec eux. Les rebelles refusèrent de l'écouter et fondirent sur sa petite troupe. Six d'entre eux s'étaient entendus pour l'attaquer tous à la fois; il en tua plusieurs de sa propre main. Francisco de Porras le blessa, mais l'adelantado le fit prisonnier.

Voyant leur chef au pouvoir de l'ennemi, les rebelles lâchèrent pied et s'enfuirent dans toutes les directions. L'adelantado revint en triomphe avec Porras et plusieurs autres prisonniers. Deux seulement de ses hommes avaient été blessés, un seul mourut de ses blessures. Le lendemain, les rebelles envoyèrent à l'amiral une lettre qu'ils avaient tous signée, et où ils imploraient humblement son pardon. Il leur pardonna, se contentant de garder comme prisonnier Francisco Porras, pour le faire juger en Espagne.

CHAPITRE XLIII

Voyage de Diego Mendez à Hispaniola. — Colomb quitte la Jamaïque.

(1504.)

Mendez et Fiesco, aussitôt après avoir pris congé de l'adelantado à la pointe de la Jamaïque, avaient continué leur course toute la journée; il n'y avait pas de vent, pas de nuages, et la mer réfléchissait comme un miroir les rayons du soleil. Les Indiens étaient obligés de se jeter de temps en temps à l'eau pour se rafraîchir et se reposer. Au coucher du soleil, la terre fut hors de vue. Pendant la nuit, les Indiens se relayaient pour ramer et les Espagnols pour les surveiller. Le lendemain tous étaient harassés de fatigue; ils commencèrent aussi à souffrir de la soif, car les Indiens avaient épuisé l'eau de leurs calebasses dès la veille. Vers midi, les commandants, les voyant faiblir, révélèrent l'existence de deux petits tonnelets d'eau qu'ils avaient probablement cachés en prévision de ce qui arrivait. En buvant de temps en temps une gorgée pour se rafraîchir, les Indiens purent continuer à ramer. Les commandants espéraient aborder bientôt à une petite île nommée Navasa qui était sur leur route, à huit heures environ d'Hispaniola.

La nuit arriva sans qu'on eût aperçu Navasa ; les commandants commencèrent à craindre d'avoir fait fausse route; dans ce cas, leur perte était certaine. Un des Indiens mourut, d'autres étaient étendus sans force au fond des canots, le reste pouvait à peine manœuvrer les rames. Au lever de la lune, Mendez aperçut Navasa. Aussitôt il cria « terre! » Ses compatriotes se ranimèrent un peu et recommencèrent à ramer. Au lever du jour, ils mirent pied à terre et rendirent grâces à Dieu de leur délivrance. L'île, il est vrai, n'était qu'une masse de rochers nus, mais il trouvèrent de l'eau de pluie en abondance dans les anfractuosités des rochers. Les Espagnols burent avec précaution, mais les pauvres Indiens se jetèrent sur l'eau avec tant d'avidité que plusieurs moururent sur-le-champ; d'autres furent dangereusement malades.

Après s'être rassasiés de coquillages et avoir pris du repos, les voyageurs partirent le soir même pour Hispaniola, dont on voyait distinctement les montagnes. Ils arrivèrent le lendemain matin au cap Tiburon, quatre jours après leur départ de la Jamaïque. Fiesco voulait repartir pour accomplir sa mission auprès de Colomb, mais Espagnols et Indiens refusèrent de recommencer le voyage en canot.

Diego Mendez se rendit en canot à San-Domingo; le gouverneur venait de partir pour Xaragua, qui est à soixante lieues de là. Mendez, sans prendre un instant de repos, partit seul, à pied, à travers les forêts et les montagnes, et arriva enfin à Xaragua.

Ovando, en ce moment, était en guerre avec les naturels. Il promit d'envoyer immédiatement du secours à Colomb; mais au bout de sept mois le secours n'était pas parti, malgré les instances quotidiennes de Diego Mendez. Ovando objectait toujours qu'il n'avait pas de vaisseau assez grand pour transporter tous les compagnons de Colomb. A la fin, il permit à Mendez d'aller à San-Domingo pour attendre certains vaisseaux dont on annonçait l'arrivée. Ce fut après son départ de Xaragua qu'Ovando envoya Escobar pour reconnaître la position de Colomb.

Si le gouverneur espérait réellement que Colomb avait péri, le rapport d'Escobar dut le désappointer complètement, et il comprit qu'il lui fallait désormais agir sans retard, s'il voulait avoir le mérite de délivrer Colomb et éviter la honte de l'avoir absolument abandonné : l'opinion publique s'élevait déjà contre lui avec une grande énergie. Diego Mendez ayant équipé un navire aux frais de Colomb, le gouverneur s'empressa d'en envoyer un autre. Ces deux vaisseaux arrivèrent à la Jamaïque peu de temps après la défaite de Porras : il y avait un an que Colomb et les siens étaient retenus sur cette côte inhospitalière.

Le 28 juin, amis et ennemis s'embarquèrent avec joie; mais, à cause des vents contraires et des courants, les deux navires n'arrivèrent à Hispaniola que le 13 août. Les épreuves que venait de traverser Colomb avaient imposé silence à l'envie et à la haine, et il fut reçu avec acclamations. Ovando lui fit bon accueil et le logea chez lui : ce qui ne l'empêchera pas de s'ériger en juge de ce qui s'était passé à la Jamaïque, sous prétexte que cette île se trouvait dans les limites de son gouvernement. Il fit mettre en liberté le traître Porras et parla de punir ceux des adhérents de Colomb qui avaient tué des rebelles pendant la bataille. Colomb alléguait la juridiction absolue à lui conférée sur tous ceux qui l'accompagnaient, depuis le jour du départ jusqu'à celui du retour en Espagne. Le gouverneur l'écouta avec beaucoup de courtoisie et lui dit en souriant que cette juridiction cessait dans les limites de son gouvernement. Cependant il renonça à poursuivre les fidèles adhérents de l'amiral et envoya Porras en Espagne devant les tribunaux compétents.

CHAPITRE XLIV

Les affaires d'Hispaniola pendant le gouvernement d'Ovando. — Retour de Colomb en Espagne.

(1504.)

Les aventuriers qui avaient suivi Ovando se ruèrent sur les mines d'or, croyant qu'il n'y avait qu'à se baisser et à prendre. Ils reconnurent bien vite qu'il faut savoir trouver les filons, et que, quand on les a trouvés, il faut savoir les exploiter : ce qui exige du temps et de la peine.

Ils perdirent bientôt patience, et revinrent un à un à San-Domingo, dans l'état le plus misérable; on calcula qu'il en mourut plus d'un millier de faim, de maladie et de désespoir.

Ovando ne manquait ni de prudence ni de sagacité, et il prit un certain nombre de mesures judicieuses ; néanmoins son administration fut fatale aux indigènes.

Isabelle les ayant déclarés libres, ils refusèrent aussitôt de travailler aux mines. Ovando, en 1503, remontra aux souverains que cette liberté absolue accordée aux naturels ruinait la colonie et leur était fatale à eux-mêmes en leur donnant des habitudes de paresse et d'indifférence et en leur faisant négliger la religion. Les souverains permirent qu'on les fit travailler, mais modérément, puisque cela était nécessaire à leur bien-être; mais on les payerait équitablement et régulièrement, on consacrerait certains jours à leur instruction religieuse, et l'on tempèrerait les mesures de rigueur par l'emploi de la douceur et de la persuasion. Il était facile d'interpréter comme on voudrait des conditions si peu précises; aussi le sort des Indiens devint en peu de temps si misérable que les mères en venaient à tuer leurs enfants pour leur épargner une vie de misère.

Les guerres d'Ovando étaient bien faites aussi pour ruiner le pays. Pour punir une légère insurrection de la province de Higuey, il la fit mettre à feu et à sang, sans distinction d'âge ni de sexe.

Mais l'acte le plus odieux d'Ovando, celui qui devra éternellement peser sur sa mémoire, c'est le traitement qu'il infligea à la province de Xaragua. Quelques difficultés étant survenues entre des caciques inférieurs et les Espagnols, à propos du tribut, Ovando se laissa persuader que les indigènes méditaient une insurrection. A la tête d'une petite armée, il se rendit dans la province, répandant le bruit qu'il venait en ami, pour arranger toutes les difficultés. Béhéchio, l'ancien cacique, était mort; il avait été remplacé par sa sœur Anacaona, qui reçut le gouverneur de la manière la plus hospitalière. Pour la récompenser, Ovando l'invita avec sa fille, la belle Higuenamota, et ses principaux sujets, à un grand carrousel. A un signal d'Ovando, ses cavaliers se ruèrent sur la foule sans défense et massacrèrent sans pitié tout ce qui leur tomba sous la main. Environ quatre-vingts caciques étaient assemblés dans une maison; la maison fut cernée, et les caciques arrêtés. On les mit à la torture pour leur faire avouer que la reine conspirait contre les Espagnols et qu'ils faisaient partie du complot. La violence de la douleur leur ayant arraché les aveux que l'on exigeait d'eux, on les brûla vifs dans la maison même où on les avait arrêtés.

Anacaona fut emmenée à San-Domingo, et pendue après un procès dérisoire. Pendant six mois, les troupes donnèrent la chasse aux habitants du pays. En mémoire de son prétendu triomphe, Ovando fonda sur les bords du lac une ville qu'il appela Santa-Maria de la Verdadera Paz (Sainte-Marie de la Vraie Paix.)

Voilà l'œuvre de cet homme dont on vantait la prudence et la modération. L'administration de Colomb avait pu laisser à désirer, et les indigènes n'avaient pas toujours eu à s'en louer, mais du moins elle n'avait été jamais ni cruelle ni sanguinaire. Colomb fut consterné de ce qu'il vit à son retour de la Jamaïque, et il écrivit aux souverains : « Depuis que j'ai quitté l'île, les six septièmes des habitants ont péri, les uns par l'épée, les autres par les coups et les mauvais traitements, les autres sont morts de faim. La majeure partie a péri dans les montagnes où ils s'étaient enfuis, ne pouvant supporter le travail qu'on leur imposait. »

Colomb trouva ses propres affaires dans le plus grand désordre. Ses rentes et arrérages n'avaient point été touchés, ou s'ils l'avaient été, il ne put obtenir ni comptes réguliers, ni liquidation complète ; il demeura persuadé qu'Ovando avait entravé l'action de ses agents. Comme il était en dissentiment perpétuel avec lui, et qu'il avait hâte de partir pour l'Espagne, il fit remettre en état le navire qui l'avait ramené de la Jamaïque, et s'en procura un autre sur lequel il offrit passage à tous ceux qui avaient été récemment sous ses ordres. La plupart préférèrent rester à San-Domingo ; comme ils étaient dans la misère, il les secourut généreusement de sa bourse ; il avança non moins généreusement de l'argent à ceux qui partaient avec lui, et cependant beaucoup d'entre eux s'étaient montrés les plus violents parmi les rebelles.

Parti le 12 septembre, il n'arriva que le 7 novembre à San-Lucar, après une longue et pénible traversée, pendant laquelle il souffrit beaucoup de la goutte. De San-Lucar il se rendit à Séville, pour goûter un peu de repos de corps et d'esprit et refaire sa santé.

CHAPITRE XLV

Inutiles efforts de Colomb pour se faire réintégrer dans son gouvernement. Sa dernière maladie et sa mort.

(1504.)

Le repos auquel il avait le droit d'aspirer, Colomb ne le trouva pas à Séville. Depuis le jour où Bobadilla l'avait fait arrêter, ses affaires étaient dans le plus grand désordre, non par sa faute, mais par celle des intermédiaires qu'il était obligé d'employer, et par le mauvais vouloir des gens en place auxquels il était forcé de s'adresser. Ses dernières libéralités l'avaient ruiné. Le monde le croyait possesseur d'une immense fortune, et il souffrait de la pauvreté.

Dans ses lettres à son fils Diego, il lui recommande la plus stricte économie : « Je ne touche rien, dit-il, du revenu qui m'est dû, et je vis d'emprunts. J'ai peu profité de vingt années de labeurs et de périls, puisque je n'ai pas en Espagne un toit qui m'appartienne. Je n'ai d'autre refuge qu'une hôtellerie, et encore ne suis-je pas toujours en mesure de payer ma note. »

Trop infirme pour se rendre à la cour, il correspondait avec les souverains soit par lettres, soit par l'intermédiaire de ses amis. Quelque peine qu'il prît, il ne put jamais obtenir ni d'être payé, ni d'être réintégré dans son gouvernement.

Porras, en attendant sa comparution devant le conseil des Indes, se promenait librement, et faisait sa cour aux personnes influentes pour les prévenir en sa faveur. Si le fidèle Diego Mendez ne se fût trouvé à la cour pour combattre les mensonges de Porras, Colomb aurait pu craindre de descendre au rôle d'accusateur à celui d'accusé.

Rien ne peut surpasser la touchante simplicité avec laquelle il parle de sa fidélité aux souverains. « J'ai servi Leurs Majestés, dit-il, avec autant de zèle et de soin que s'il se fût agi de gagner le paradis; si j'ai manqué en quelque chose, c'est que mon savoir et mon pouvoir avaient des bornes. »

Bientôt la maladie le priva de l'usage de ses mains, et il dut renoncer à écrire. D'ailleurs ses lettres les plus éloquentes n'étaient plus capables de toucher le froid et égoïste Ferdinand. Colomb ne pouvait plus compter que sur la généreuse Isabelle.

Mais la santé d'Isabelle avait été minée par des chagrins cruels. Elle avait perdu successivement son fils unique, le prince Juan, la princesse Isabelle sa sœur, qu'elle aimait tendrement, et son petit-fils, le prince Miguel. De plus, elle souffrait cruellement de la faiblesse d'esprit de sa fille Juana et des mauvais procédés de l'archiduc Philippe, qui la rendait malheureuse. Une mélancolie profonde et incurable la conduisit au tombeau. Après une maladie de quatre mois, elle mourut le 26 novembre 1504, à Medina del Campo, dans sa cinquante-quatrième année. Mais longtemps avant de fermer les yeux elle avait renoncé aux pompes et aux vanités du monde. Dans son testament, qui est en tout point digne de son admirable caractère, elle demande à être enterrée dans le monastère de Saint-François, dans l'Alhambra de Grenade. Elle ne veut sur sa tombe qu'une simple pierre avec une inscription, et témoigne le désir d'être réunie plus tard avec son mari, dans le tombeau qu'il lui aura plu de choisir.

Si elle eût vécu plus longtemps, on n'aurait pas vu les scènes d'horreur qui accompagnèrent la colonisation du nouveau monde. Quoi qu'il en soit, son nom glorieux brillera toujours d'un éclat céleste en tête de l'histoire des découvertes de Colomb.

Au moment où il apprit sa mort, Colomb écrivait à son fils Diego. Dans un post-scriptum du ton le plus touchant, il le prie de recommander l'âme de la reine à Dieu et de tout faire pour adoucir le chagrin du roi.

La mort d'Isabelle fut pour Colomb un désastre irréparable. Tant qu'elle avait vécu, il pouvait tout espérer de son sentiment élevé de la justice, de son respect pour sa parole royale, de sa reconnaissance pour les services rendus, et de l'admiration que lui inspirait son caractère. Déjà pendant la maladie de la reine ses intérêts avait été négligés ; quand elle fut morte, il lui fallut compter désormais sur la justice et la générosité de Ferdinand.

Pendant tout l'hiver et une partie du printemps, Colomb fut retenu à Séville par la maladie. Son frère l'adelantado se rendit à la cour pour défendre ses intérêts, accompagné du jeune Fernando, qui avait alors dix-sept ans. Colomb faisait le plus grand cas de lui, il ne cessa de le recommander à la bienveillance et à l'affection de son fils aîné Diego. Parmi les personnes que Colomb avait chargées de ses intérêts à la cour, nous retrouvons Amerigo Vespucci ; il nous le représente comme un homme d'un grand mérite, toujours disposé à lui venir en aide, et qui n'a pas tiré de ses services tout le fruit qu'il en pouvait espérer.

Au mois de mai seulement, Colomb fut en état de se rendre à Ségovie, où était la cour. Il put voir tout de suite qu'il n'avait plus personne pour prendre en main ses intérêts et pour lui montrer cette attention distinguée, cette cordiale bonté, cette encourageante sympathie que méritaient ses malheurs aussi bien que ses services. Ferdinand le reçut avec une froide courtoisie, le paya de belles paroles, et s'arrangea pour ne point lui accorder ce qu'il désirait le plus. Colomb faisait bon marché de l'argent, et aurait volontiers renoncé à ce qui lui était dû; mais ses dignités officielles et ses privilèges faisaient une partie de sa gloire, et pour rien au monde il n'aurait voulu y renoncer.

Traîné de délai en délai, presque désespéré, Colomb dut reprendre le lit; de sa couche de douleur il adressa un dernier appel à Ferdinand, le suppliant de donner à son fils Diego ce qu'il croyait ne pas devoir lui accorder à lui-même.

Le roi marchanda; si Colomb et son fils voulaient renoncer à leurs dignités souveraines dans le nouveau monde, il leur offrait des titres et des domaines en Castille. Colomb refusa avec indignation; mais il comprit qu'il n'obtiendrait jamais justice de Ferdinand.

Au moment où la vie se retirait de lui avec l'espérance, Colomb se ranima subitement et se reprit à espérer avec toute l'ardeur qui était un des traits de son caractère. Le roi Philippe et la reine Jeanne arrivaient de Flandre pour prendre possession de leur trône de Castille. Colomb espéra trouver dans la fille d'Isabelle une protectrice et une amie. Le roi Ferdinand, avec toute la cour, s'était rendu à Loredo pour y recevoir les jeunes souverains; l'amiral se fit représenter par l'adelantado. Il s'excusait par lettre de ne pas aller leur présenter ses devoirs : il exprimait l'espoir d'être rétabli par eux dans ses honneurs et privilèges, et se mettait à leur service pour des entreprises telles qu'on n'en aurait jamais vu de pareilles. L'adelantado, ayant pris affectueusement congé de son frère, qu'il ne devait plus revoir, se rendit auprès des jeunes souverains, qui lui firent la plus gracieuse réception et lui donnèrent bon espoir.

Cependant les soucis et les chagrins de Colomb touchaient à leur terme. Sentant sa fin prochaine, il mit ordre à ses affaires. Un codicille, daté de la veille de sa mort, insiste sur les dispositions de son testament relatives à Diego. Il le déclare son légataire universel, et transmet ses honneurs et ses biens à la descendance mâle de sa famille; il s'occupe aussi du sort de ses deux frères et de son second fils. Tous les ans, une partie de son revenu sera déposée à la banque de Saint-Georges, à Gênes, jusqu'à concurrence de la somme nécessaire pour armer la croisade à laquelle il pensait toujours. Il recommandait à ses héritiers de coopérer personnellement à cette pieuse entreprise. Il désignait certaines sommes pour fonder des églises, pour aider Beatrix Enriquez, la mère de Fernando, pour soulager ses parents pauvres et pour payer ses moindres dettes.

Ayant ainsi pourvu à tout, il se confessa et communia. Dans ses derniers moments, il fut soutenu par son fils Diego et par quelques amis fidèles, au nombre desquels se trouvait Fiesco, qui avait accompagné Mendez de la Jamaïque à Hispaniola. Il expira, avec une parfaite résignation, le 20 mai 1506, âgé de près de soixante-dix ans. Ses dernières paroles furent : *In manus tuas, Domine, commendo spiritum meum.* « En vos mains, Seigneur, je remets mon esprit. »

CHAPITRE XLVI

Obsèques de Colomb.

Le corps de Colomb fut déposé dans le couvent de San-Francisco, et ses funérailles célébrées avec pompe dans l'église paroissiale de Santa-Maria de la Antigua, à Valladolid. Ses restes furent transportés, en 1530, dans le couvent des chartreux de Las Cuevas, à Séville, et déposés dans la chapelle de Santo-Cristo. En 1536, ils furent transportés à Hispaniola et enterrés dans la cathédrale de San-Domingo, près du grand autel. Mais on troubla encore une fois leur repos. Quand Hispaniola fut cédée à la France en 1795, les Espagnols décidèrent de les transporter à Cuba, comme de précieuses reliques de l'époque la plus glorieuse de l'histoire d'Espagne. En conséquence, le 20 décembre 1795, en présence d'une auguste assemblée, qui se composait des dignitaires de l'Église et des officiers civils et militaires, le tombeau fut ouvert; on y trouva les fragments d'un cercueil de plomb, quelques os et un peu de terreau. On recueillit ces débris avec soin, et on les plaça dans un coffre de plomb doré, fermé d'une serrure de fer; le coffre fut enfermé dans un cercueil couvert de velours noir, et le tout déposé dans un mausolée provisoire. Le lendemain, il y eut une nouvelle convocation à la cathédrale. On célébra les offices des morts et l'archevêque prononça une oraison funèbre.

Après toutes les cérémonies religieuses, le cercueil fut

escorté jusqu'au vaisseau, par une grande procession religieuse, civile et militaire. Les bannières étaient recouvertes de crêpes; il y eut des chants, des répons et des salves d'artillerie; les personnages les plus marquants des différents ordres se relayaient pour porter le cercueil.

La réception du corps à la Havane ne fut pas moins solennelle. Une magnifique escorte de chaloupes l'accompagna depuis le navire jusqu'à terre. Sur son passage, les vaisseaux de guerre rendirent les honneurs qui sont dus à un amiral et à un capitaine général de la marine. A la jetée, les restes de Colomb furent reçus par le gouverneur, accompagné des généraux qui formaient son état-major, et on les transporta en grande pompe jusqu'à la cathédrale. Après l'office des morts, célébré par l'évêque, le cercueil fut déposé dans l'épaisseur du mur, à droite du grand autel; il y est encore.

Sans doute, les honneurs rendus à la cendre de Colomb n'empêchent pas qu'il n'ait été, de son vivant, en butte à toutes les injustices et en proie à toutes les angoisses, mais ils sont un puissant encouragement pour les hommes illustres que l'on outrage et que l'on calomnie de leur vivant : le vrai mérite survit à la calomnie, et trouve sa glorieuse récompense dans l'admiration de la postérité.

FIN

TABLE DES MATIÈRES

Pages.

CHAPITRE PREMIER. — Naissance de Colomb. Ses premières années........ 5

CHAPITRE II. — État des découvertes sous le prince Henri de Portugal. Séjour de Colomb à Lisbonne. Idées que l'on se faisait des îles de l'Océan. 10

CHAPITRE III. — Comment Colomb en vint à croire à l'existence de terres inconnues dans l'ouest.. 15

CHAPITRE IV. — Où en était l'esprit de découvertes en Portugal. Colomb fait des propositions à la cour de Portugal........................ 19

CHAPITRE V. — Arrivée de Colomb en Espagne. Caractères des souverains espagnols.. 23

CHAPITRE VI. — Colomb adresse ses propositions à la cour de Castille..... 27

CHAPITRE VII. — Colomb devant le conseil de Salamanque............... 30

CHAPITRE VIII. — Colomb cherche un patronage parmi les grands d'Espagne. — Il reprend ses négociations avec les souverains (1491).... 35

CHAPITRE IX. — Arrangement avec les souverains espagnols. Préparatifs de l'expédition au port de Palos (1492)............................. 39

CHAPITRE X. — Évènements du premier voyage. Terre!.................. 44

CHAPITRE XI. — Colomb foule pour la première fois le sol du Nouveau-Monde. Croisière parmi les îles de Bahama. Découverte de Cuba et d'Hispaniola (1492).. 52

CHAPITRE XII. — Hispaniola. Naufrage et autres aventures (1492)........ 60

CHAPITRE XIII. — Retour. Violentes tempêtes. Arrivée en Portugal (1493).. 67

CHAPITRE XIV. — Visite de Colomb à la cour de Portugal. Arrivée à Palos. 72

CHAPITRE XV. — Réception faite à Colomb par les souverains d'Espagne à Barcelone (1493).. 76

Pages.

CHAPITRE XVI. — Bulle de partage. Préparatifs pour un second voyage de découvertes (1493)........ 81

CHAPITRE XVII. — Départ de Colomb pour un second voyage de découvertes. Arrivée à Hispaniola (1493)........ 85

CHAPITRE XVIII. — Ce qui s'était passé au fort de la Navidad (1493)........ 89

CHAPITRE XIX. — Fondation de la ville d'Isabella. Griefs de la population (1493)........ 93

CHAPITRE XX. — Expédition de Colomb dans l'intérieur d'Hispaniola (1494). 96

CHAPITRE XXI. — Détails sur les naturels........ 99

CHAPITRE XXII. — Maladies et mécontentements à Isabella. Colomb prépare une expédition pour reconnaître Cuba (1494)........ 103

CHAPITRE XXIII. — Colomb explore la côte sud de Cuba (1494)........ 105

CHAPITRE XXIV. — Retour (1494)........ 107

CHAPITRE XXV. — Ce qui s'était passé dans l'île d'Hispaniola. Insurrection des indigènes. Expédition de Ojeda contre Coanabo (1494)........ 109

CHAPITRE XXVI. — Bataille de la Vega ou de la Plaine. Les indigènes sont astreints à un tribut (1494)........ 116

CHAPITRE XXVII. — Arrivée du commissaire Aguado. Découverte des mines d'or de la Hayna (1495)........ 119

CHAPITRE XXVIII. — Retour de Colomb en Espagne. Préparatifs pour un troisième voyage........ 121

CHAPITRE XXIX. — Découverte de la Trinité et de la côte de Paria. Arrivée à Hispaniola (1498)........ 125

CHAPITRE XXX. — Administration de l'Adelantado........ 128

CHAPITRE XXXI. — Rébellion de Roldan........ 132

CHAPITRE XXXII. — Ojeda visite l'extrémité ouest de l'île. Conspiration de Moxica (1499)........ 137

CHAPITRE XXXIII. — Intrigues contre Colomb à la cour d'Espagne. Bobadilla est nommé commissaire. Son arrivée à San Domingo (1500)........ 140

CHAPITRE XXXIV. — Colomb est arrêté et envoyé en Espagne........ 144

CHAPITRE XXXV. — Arrivée de Colomb en Espagne. Son entrevue avec les souverains. Ovando est nommé gouverneur d'Hispaniola (1500)... 148

CHAPITRE XXXVI. — Colomb pousse les souverains à entreprendre une croisade. Il prépare un quatrième voyage........ 152

CHAPITRE XXXVII. — Colomb part pour son quatrième voyage. Ce qui se passe à Hispaniola. Colomb à la recherche d'un détroit imaginaire (1502)........ 155

Pages.

CHAPITRE XXXVIII. — Retour à la côte de Veragua. Lutte contre les indigènes (1502) ... 161

CHAPITRE XXXIX — Désastres de l'établissement (1503) ... 164

CHAPITRE XL. — Voyage à la Jamaïque (1503) ... 167

CHAPITRE XLI. — Rébellion de Porras. Éclipse de lune. Stratagème de Colomb pour se procurer des provisions (1503) ... 170

CHAPITRE XLII. — Arrivée de Diego de Escobar. Combat contre les rebelles (1504) ... 173

CHAPITRE XLIII. — Voyage de Diego Mendez à Hispaniola. Colomb quitte la Jamaïque (1504) ... 176

CHAPITRE XLIV. — Les affaires d'Hispan iola pendant le gouvernement d'Ovando. Retour de Colomb en Espagne (1504) ... 179

CHAPITRE XLV. — Inutiles efforts de Colomb pour se faire réintégrer dans son gouvernement. Sa dernière maladie et sa mort (1504) ... 182

CHAPITRE XLVI. — Obsèques de Colomb ... 187

FIN DE LA TABLE DES MATIÈRES

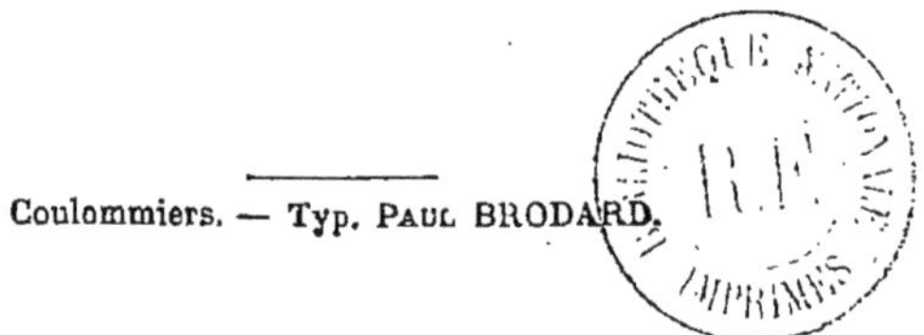

Coulommiers. — Typ. PAUL BRODARD.

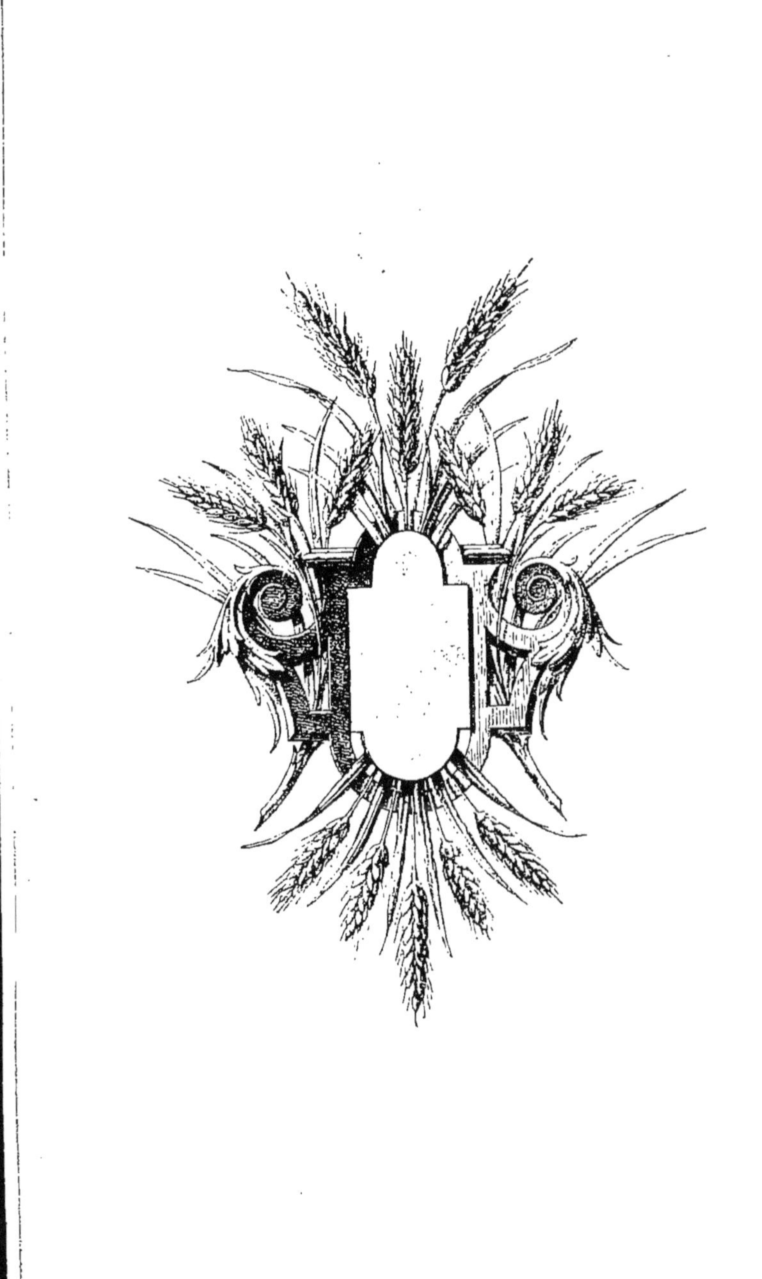

BOURLOTON. — Imprimeries réunies, B.

www.ingramcontent.com/pod-product-compliance
Ingram Content Group UK Ltd.
Pitfield, Milton Keynes, MK11 3LW, UK
UKHW021124220726
13924UKWH00004B/1890